無形・有影

發掘無形文化資產 × 傳承珍貴在地記憶

北港朝天宮(葉峻璊攝)

目次

6	序言 開啟無形文化資產世界的擻步／林茂賢
9	Q&A 無形文化資產？與我們生活的連結？
10	Q&A 無形文化資產定義？有哪些種類？
12	Q&A 無形文化資產名錄怎麼來的？我們可以怎樣協助？
16	壹、無形文化資產探尋之路——無形文化資產的概念及方法／林承緯
	貳、無形文化資產調查專題研究
26	一、傳統表演藝術／徐亞湘
36	二、傳統工藝／黃世輝
46	三、民俗／謝國興
56	四、口述傳統、傳統知識與實踐／黃季平
72	五、無形文化資產的價值評估及行政措施／黃文博
	參、無形文化資產的普查機制及操作方法／鄭明承
84	一、準備篇
92	二、調查篇
96	三、建檔篇
102	肆、無形文化資產專業攝影概論及方法／趙守彥
	伍、普查實戰演練篇／鄭明承
116	一、無形文化資產普查規劃示例——獅陣
128	二、無形文化資產普查案例——獅陣
154	附錄 國家重要無形文化資產名錄
158	參考文獻

序言

開啟無形文化資產 世界的撇步

文――林茂賢
國立臺中教育大學台灣語文學系副教授

無形文化資產的定義與種類

依據聯合國教育、科學及文化組織（簡稱「教科文組織」）2003年公布的《無形文化遺產保護公約》（The Convention for the Safeguarding of the Intangible Cultural Heritage）無形文化資產之定義為：

指被各群體、團體或個人視為其文化遺產的各種實踐、表演形式、知識、技能及其有關的工具、實物、工藝品和文化場所等常規和總體呈現。

舉凡各種口頭傳說和表述、表演藝術、風俗習慣、神話、禮儀、儀式和節慶、建築技術、傳統手工藝或其他藝術技能，以及自然界和宇宙的相關知識與實踐等，皆包括在「無形文化遺產（資產）」範疇。

臺灣將文化資產分為「有形文化資產」與「無形文化資產」兩大類型。有形文化資產是指具有形體和固定

空間的「物質性」文化遺產；「無形文化資產」則指「非物質性」的文化資產，包括「傳統表演藝術」、「傳統工藝」、「口述傳統」、「傳統知識與實踐」。

新版《文化資產保存法》第3條所稱之文化資產，是「具有歷史、藝術、科學等文化價值，並經指定或登錄之下列有形及無形文化資產」。其中「傳統表演藝術」，指「流傳於各族群與地方之傳統表演藝能」；「民俗」，指「與國民生活有關且有特殊文化意義之風俗、儀式、祭典及節慶」。《文化資產保存法施行細則》第9條亦說明：「傳統表演藝術：包括以人聲、肢體、樂器、戲偶等為主要媒介，具有藝術價值之傳統文化表現形式。」；第12條說明：「民俗：包括各族群或地方自發而共同參與，有助形塑社會關係與認同之各類社會實踐，以及與生命禮俗、歲時、信仰等有關之儀式、祭典及節慶」。

其次，「文化資產保存技術及保存者」，亦歸為無形文化資產類，而所謂「文化資產保存技術」，是指「進行文化資產保存及修復工作不可或缺，且必須加以保護需要之傳統技術」；「保存者」，則是指「保存技術之擁有、精通且能正確體現者」。保存技術保存者不能獨立存在，而必須因應有形或無形文化資產而存在，其主要關鍵在「技術性」而非「藝術性」。

他山之石，可以攻錯

臺灣「無形文化資產」的意義與概念，等同於聯合國所稱「非物質文化遺產」，或日本、韓國的「無形文化財」，是人類文化遺產中

❶日本文化財的「指定認定制度」，全名為「無形文化財的『指定』與保持者『認定』制度」。在日本文化財制度中，主管機關對經「指定」的文化財可施行相關的管理、保護、調查等措施，並經由「認定」賦予其「保持者」或「保護團體」的身份，將「人」引入制度中，成為無形文化財傳承的載體。（黃貞燕（2016）。日韓無形文化遺產國家制度的成立—體系與機制之知識與社會因素。《文資學報》，10，67-9）

重要組成部分，因為它體現了特定民族、群體或地域的歷史、文化傳統和美學的獨特性。

在日本，無形文化財保護制度可說是世界先驅。它開啟了全世界最早的無形文化資產保護政策。「指定認定制度」是日本文化財保護重要制度之一❶，亦是日本無形文化財得以保存、發展至今之關鍵。日本與臺灣的制度雖因應國情的不同，各有法制，但向他人借鏡，除了可以提供我國針對無形文化資產保存與維護更多的刺激與想像，也能更健全臺灣無形文化資產的環境與規範。

文化政策的永續經營

社會在改變，臺灣的文化政策推廣也必須因時、因地、因人而制宜。我們必須思考從人員培訓到推廣等結構性問題，其中也需有跨局處或跨單位的業務協力。文化資產相關公部門應積極參與，表現政府對該活動之重視，地方政府須對地方的文化資產進行保存、維護、教育推廣工作，才不致使這些另由先民智慧、生活所淬鍊形成的文化遺產，在現代社會中消失。

在人、時、地、物的推移下，文化展現差異性、地方性及變異性的特質與多元面向，因此各類無形文化資產項目所需之保存與傳承計畫的理念、準則、操作方針與整體配套措施、推行，皆需符合各地方、各類無形文化資產需求之保存維護機制，讓文化資產在人與時空、歷史脈絡的轉動下持續保存與活用，激發出更多文化資產傳承、期望活化文化資產的可能性與意義，達到文化資產的永續經營。◆

無形文化資產？
與我們生活的連結？

你表現出來的、生活上做的，其實都是臺灣文化的實踐和展現，也可能是相對「有形」文化資產的——「無形」文化資產。

什麼是無形文化資產？

說到「文化資產」，大家第一個想到要保護的可能是「各式古蹟」，如歷史建築、古物、遺址等等，這些都屬於看得見、摸得著的文化資產，也就是「有形文化資產」。

但是事實上，除了「有形」的文化資產外，還有「無形」的文化資產。無形文化資產不是肉眼真的看不見的「阿飄」，它與有形的文化資產相對，在臺灣我們用身體實踐的生活行為，如原住民祭典、漢人年節、傳統工藝、傳統表演藝術等等，都屬於「無形」文化資產的範圍。

台灣價值的基礎，保存文化多元群像

不保護無形的文化資產會怎樣？
「保護古蹟」幾乎是大家現在的共識，也是《文化資產保存法》立法的初衷，然近年來，「無形的」文化資產的登錄與保存也逐漸被重視。由於這些看不見的傳統、民俗或技藝，像是我們習以為常的文化行為，例如祭祀、傳統工藝和表演等等，通常是由世世代代的「人」相傳，若沒有努力紀錄和保存，終將隨著人的逝去而日漸凋零。

保護無形文資＝保存臺灣的傳統與價值
提到「臺灣」，我們經常想到的，小至人與人的互信、滿溢出來的溫暖人情味，大至臺灣因地緣位置特殊而獨有的歷史與文化價值資產，這些看不見的、人民共同的記憶與習慣，正是聯繫臺灣人與臺灣人之間的深厚連結。因此保護無形的文化資產，便是保存這塊土地的多元與獨特，同時也讓更多人有機會深入理解臺灣！

無形文化資產定義？
有哪些種類？

「國定古蹟」、「聯合國教科文組織世界遺產」都是有形的遺產，那「無形的」文化遺產是什麼？在臺灣我們如何定義？

國內外無形的文化遺產之定義

聯合國教科文組織
《保護非物質文化遺產公約》

基於尊重人類長期生活所得到的經驗與智慧，在國際場域，聯合國教科文組織立定《無形文化遺產保護公約》來保護看不見的、抽象，但是具有保存價值的文化「遺產」；而在臺灣，則有《文化資產保存法》，來保存國內的無形的文化資產。

我國《文化資產保存法》
對無形文化資產的定義

現行《文化資產保存法》中，將「無形文化資產」定義為「各族群、社群或地方上世代相傳，與歷史、環境與社會生活密切相關之知識、技術與其文化表現形式，以及其實踐上必要之物件、工具與文化空間。」

同時，無形文化資產的保存，在法律上分成「重要」類與「一般」類別。管理單位與資源也依據類別而不同，為中央─地方分權制。前者屬於中央部會（文化部），後者屬於地方政府，如：文化部管理「重要民俗」，而地方政府管理「民俗」。無形文化資產保存和登錄須由地方人長期認同、主動投入和實踐伊始，而之後若發展成跨區、全國之現象，才可能被認證為「重要」無形文化資產。

無形文化資產五大類別

無形文化資產有五大類別，分別是「傳統表演藝術」、「口述傳統」、「民俗」、「傳統工藝」以及「傳統知識與實踐」。

傳統表演藝術	流傳於各族群與地方之傳統表演藝能。	戲曲、音樂、舞蹈、說唱、歌謠、雜技等等。
傳統工藝	流傳於各族群與地方，以手工製作為主之傳統技藝。	編織、剪黏、雕塑、彩繪、裱褙、造紙、摹搨、作筆製墨、金工、刺繡、製陶等等。
口述傳統	透過口語、吟唱傳承，世代相傳之文化表現形式。	史詩、神話、傳統祭歌、祭詞、俗諺等等。
民俗	與國民有關之傳統，並有特殊文化意義之風俗、儀式、祭典及節慶。	風俗、儀式、祭典、節慶。
傳統知識與實踐	各族群或社群，為因應自然環境而生存、適應與管理，長年累積、發展出之知識、技術及相關實踐。	漁獵、農林牧、航海、曆法等等。

無形文化資產名錄怎麼來的？
我們可以怎樣協助？

文化資產是誰在「普查」？民眾如何「提報」文化資產？本篇說明指南讓你一次看懂政府如何保護無形文化資產。

提報和普查的定義

根據現行《文化資產保存法》，主管機關有義務發起管轄區域內無形文化資產相關「普查」，或是受理個人（或團體）的「提報」。因此，從上面敘述我們可以得知──「普查」和「提報」是執行角色不同、程序也不同的兩種工作。

《文化資產保存法》中的「提報」和「普查」「普查」是指由文化主管機關主辦，針對無形文化資產有系統地定期調查；「提報」是民眾主動向主管機關提報，身份不拘，無論是人或團體，都可以隨時向主管機關提出申請。那主管機關如何進行普查？民眾又該如何進行提報呢？

民間提報流程超圖解

民間個人/團體填寫提報表→主管機關邀請專家學者到現場訪查→提報者與主管機關召開審議前說明會，知會並與地方溝通→主管機關召開文化資產審議會審議→作成登錄/不予登錄→公告（獲得文化資產身份）

★貼心小提醒★
①提報表下載：文化部文化資產局「國家文化資產網」→便民服務「下載專區」
②「提報」無形文資是大家為自身文化努力的著力點，歡迎想盡一份力的你！

民眾/團體	主管機關＋學者	主管機關＋提報者	主管機關
1 填寫提報表 →	**2** 到現場訪查 →	**3** 審議前說明會 →	**4** 召開文資審議會

登錄了，然後呢？

提報並成功登錄自己想保護的無形文化資產後，新的旅程才即將開始，那就是——保存它，推廣它，把它傳承下去！

保存維護計畫內容

保存維護計畫，是在無形文資提報／普查登錄「公告」後，主管機關依照規定，要與保存者訂定文化資產保存維護計畫，並委託學術單位或文化團隊來執行。

保存維護計畫主要分成七大項內容，分別是：

❶ 基本資料建檔　　❺ 保護與活化措施
❷ 調查與紀錄製作　❻ 定期追蹤紀錄
❸ 傳習或傳承活動　❼ 其他相關事項
❹ 教育與推廣活動

保存維護計畫產出方式

「保存維護計畫」是讓無形文資所在地的人們能夠了解當地文化，並對此產生認同的方式，同時也可以匯聚共識、明白在地人對此的想法為何、該做什麼來保存這項資產，以及未來該往何處。

因此，我們可以透過幾種方式來凝聚共識，並與當地公部門單位、藝文場館園區、民間團隊、各級學校擬定適合當地的計畫內容：

❶ 文獻與圖像影音資料的蒐集分析
❷ 訪談
❸ 共識會議
❹ 擬定短、中、長計畫
❺ 文資講座
❻ 工作坊
❼ 校內課程或校外走讀推廣教育活動
❽ 出版品

01

無形文化資產探尋之路

無形文化資產探尋之路
無形文化資產的概念及方法

文──林承緯
國立臺北藝術大學文化資源學院教授兼院長

　　什麼是無形文化資產？若先從「無形」的意涵理解之，並查閱《教育部重編國語辭典》，可見「不著痕跡」與「抽象而不具形體」等詞意說明。而就現行《文化資產保存法實施細則》第8條所定義的「無形文化資產」，則是：

指各族群、社群或地方上世代相傳，與歷史、環境與社會生活密切相關之知識、技術與其文化表現形式，以及其實踐上必要之物件、工具與文化空間。

　　而無形文化資產可進一步分成「傳統表演藝術、傳統工藝、口述傳統、民俗、傳統知識與實踐」五大類項。
　　無形文化資產五大類項各自呈現的「文化內涵」及「表現形態」不同，譬如「傳統表演藝術」著重的藝術價

◀ 日本青森大間天妃樣媽祖行列的神童。（葉峻瑪攝）

值及審美觀的反映，就與「口述傳統」所講求的表現形式仍維持一定的傳統及完整性相異。同樣地，「民俗」所強調的民間認同及自主自發參與，則反映族群或地方社會生活特色的文化特徵；而在「傳統知識與實踐」，著眼於族群或地方及環境互動下構成的生活特色，並也強調傳統知識內容需具備一定的系統性及完整度。如此共同具備無形特徵的文化資產各類型，在《文化資產保存法》條文之中，分別採以下個別的內涵詮釋：

傳統表演藝術	流傳於各族群與地方之傳統表演藝能
傳統工藝	流傳於各族群與地方以手工製作為主之傳統技藝
口述傳統	透過口語、吟唱傳承，世代相傳之文化表現形式
民俗	與國民生活有關之傳統並有特殊文化意義之風俗、儀式、祭典及節慶
傳統知識與實踐	各族群或社群，為因應自然環境而生存、適應與管理，長年累積、發展出之知識、技術及相關實踐

相較於一般人們熟悉的「有形文化資產」具有明確的物質性、感知性的文化型態（如：古蹟、歷史建築、聚落群、文化景觀、古物等等），「無形文化資產」則是非物質性且非感知性的，常以記憶、藝能、知識、觀念等行為實踐和文化形態加以表現。相對於有形的文化資產，無形文化資產更深植於傳統社群、社會情境及常民生活之中，也常因時空、社群、環境的變動而改變其傳承延續的表現形式。

法律如何保護文化資產？

近年來,在社會結構、生活型態的急遽變化下,社會大眾的價值觀及文化認同有所改變。特別是過往曾經熱絡蓬勃於民間社會各個角落的傳統技藝、曲藝及民俗祭儀等,皆已日趨式微。那麼往昔珍貴的文化表現及其實踐,如何適時加以保存、傳承,使之延續至未來?這個問題成為從事文化資產保存維護事務者首當其衝需面對的難題。事實上,唯有先掌握文化全貌,才可能從中擇取、保留文化資產價值,以及發掘值得透過相關法令來進行保存維護的對象。因此,如何能全面了解、洞悉符合文化資產內涵定義的文化現象,廣泛普及並兼具系統性的調查採集,將是極為關鍵的一項保護文化資產的方法。

《文化資產保存法》是保存及活化文化資產的法令機制,為達到其宗旨、實踐文資保存的核心價值,適時掌握各地的文化發展現況,可說是落實文化資產保護行政相當重要的基礎工作。現行《文資法》對具備文資價值的無形文化資產發展現況之掌握,於《文化資產保存法》第89條明定:

直轄市、縣(市)主管機關應定期普查或接受個人、團體提報具保存價值之無形文化資產項目、內容及範圍,並依法定程序審查後,列冊追蹤。經前項列冊追蹤者,主管機關得依第91條所定審查程序辦理。

此條文規定地方政府主管機關必須主動藉由普查,掌握轄區具文化資產保存潛力者。「普查」在文化資產保存維護行政機制具有的

前哨意義不言而喻，《文化資產保存法施行細則》第15條也以「主管機關定期普查，應每八年至少辦理一次」明文規範定期辦理普查的必要。

普查，是什麼？

「普查（Census）」是一種全面性的調查工作，為特定目的而發動的資訊採集。普查強調普遍性、全面性的調查面向，其涉及層面廣且大量，加上需要達成的調查項目及其指標條件，比起適度抽樣的調查研究來得繁瑣且尺度龐大。因此，為求能夠取得較為精確、符合普查需求的資訊，有必要建立一套標準作業程序（Standard Operation Procedure）。特別是國內的無形文化資產概念，實為2016年《文化資產保存法》修法下才正式被採用的用詞概念，雖然與傳統表演藝術、傳統工藝及民俗等現行法令界定無形文化資產有關的調查執行軌跡相符，亦可粗略上溯至日治時期，但當時多數的調查工作，不論就調查目的、涵蓋層面及操作屬性，皆與現今基於文化資產保存需求所發動的普查有所不同。

另一方面，雖然如南北管、木雕、剪黏或是宗教祭典儀式等無形文化，是多數人們生活中可見、甚至從小耳濡目染再熟悉不過的文化生活經驗，不過文資普查並非只是純粹的文化調查紀錄，而是涉及到整體文化資產保存維護工作的前期措施。必須要對文化資產有一定程度的理解，才能達成文化資產普查的目標需求。舉例來說，如果執行臺北市無形文化資產的普查工作，就要以該行政區作為普

查範圍，依據文資法規的無形文化資產範疇，來進行各項無形文化傳承者現況的掌握，再將調查取得的資訊，依文資保存的目的，進行填表建檔，以作為後續文資行政運用的參考依據。這套流程可將普查必要的資訊採集、建檔製備等執行過程，予以詳細解說並制訂規則，以減少操作上出現各種人為錯誤，進而提升普查整體效率及資料效度，是無形文化資產普查建立起標準作業程序所被寄予的期待。藉此，讓普查作業流程更有系統性及規格化，將可達到無形文資普查的客觀性及科學價值。

無形文化資產歷史沿革

從八〇年代以降由尹建中主持的「中國民間傳統技藝訪查」、「中國民間傳統技藝與藝能調查研究」，到九〇年末葉，李豐楙、辛晚教受行政院文化建設委員會委託，為掌握各地藝文資源現況，擬定未來各縣市文化藝術長期發展策略，所編撰的《藝文資源調查作業參考手冊》，史無前例針對信仰節俗、飲食文化、傳統音樂、鄉土雜技、舞蹈及美術等文化類型，編制出一部架構嚴謹分明且顧及學術專業、實務操作的調查手冊，間接對往後推動的各項文化藝術普查推動奠定基礎。可惜的是，這套藝文調查系統在欠缺強力的動因及配套的人才培育等因素下，所能發揮的功能及價值未能被往後登場的文化資產普查所延續。

「傳統藝術」與「民俗及有關文物」這兩項無形文化資產，伴隨2005年《文化資產保存法》完成整體性及結構性的修法，並在登錄

指定及廢止審查辦法的完備之下,行政單位逐步推動普查來掌握轄區的相關文化生態樣貌。當時,雖然中央配合修法及後續行政措施的配套,頒布傳統藝術、民俗及有關文物普查表,但對於普查操作原則及執行做法,並未明確制定普查執行的流程及措施,而使得學界或地方文史領域承攬普查計畫的團隊,或是長年執行藝文活動的相關單位等執行端,對於普查表內容具體填寫方向掌握不易,尤其當時對於無形文化資產課題的發展仍在起步,致使產出的普查報告書缺乏一致的書寫標準,難以促進文資領域健全發展。到了2016年《文化資產保存法》第七次修法,在施行細則內明文訂出每八年至少辦理一次普查的規範,逐步透過政策宣導及相關補助,強調普查工作對發掘、掌握、梳理潛在文化資產的必然性及重要性。

◀ 重要民俗北港迎媽祖藝閣遊行。(葉峻瑀攝)

重要民俗北港迎媽祖二媽金順安轎班。(葉峻瑪攝)

無形文化資產普查三階段

　　無形文化資產普查的操作執行,可細分成:❶前置籌備工作、❷無形文資普查、❸資料分析總結,三個步驟(可參酌本書第參至伍章)。

　　在「前置籌備工作」階段,會從普查計畫實施前針對普查團隊構成、行政程序確實等基礎開始著手,確認普查的文資標的,針對普查實施的區域範圍、文資類型進行相關資料收集,綜合前置作業各分項情形,針對普查執行分針及篩選機制等擬定操作原則;第二階段「無形文資普查」則是執行普查的調查核心工作,首先必須依

據普查標的進行各種實地普查必要的準備，再依照普查對象文化形態來判斷其文資類型，採用合宜的普查表作為依據，就普查表各欄位的填寫需求，透過口頭訪談、現況觀察、攝錄拍照等調查方式，適時收集資料，再將現地取得的資訊成果，依據填入普查表單之中，完成這項普查工的填表建檔作業。不過若只做到這階段，普查工作其實只做到一半，最後階段的「資料分析總結」，是將取自現地的一手資料，經過學術調查與文資專業來彙整及評估處理，提升普查時所取得資料的正確性及客觀性。這些完成初填的普查表單內容，還需要再參照相關資料做整理比對，同時也將針對文資類項歸屬再進行確認，最終針對普查成果，進行文資價值的評估，以利於將具文資價值的普查成果提供給委託單位公部門主管機關，作為後續文資行政措施推動的參考依據。

以上概述之無形文化資產普查機制操作程序，確實並非一朝一夕即可速成上手的。有鑑於此，本書將針對無形文化資產普查的步驟、方法及其操作流程原則，透過系統性的制度程序建立，讓有限的經費、人力及時間期程下執行的無形文化資產普查的所需資源，有訂定依循參考，並就這套操作程序執行完成後，即足以達到文化資產專案委託的成果需求，進而提升無形文化資產後續保存傳承延續的可能。◆

02 無形文化資產調查專題研究

一、傳統表演藝術

文・圖──徐亞湘

國立臺北藝術大學戲劇學系教授兼主任

前言

《文化資產保存法》（以下簡稱《文資法》）中無形文化資產之傳統表演藝術涉及範圍頗廣，舉凡流傳於臺灣各族群與地方之傳統表演藝能，如戲曲、音樂、說唱、藝陣等皆屬之，自《文資法》頒佈實施後，臺灣傳統表演藝術的保存、維護、推廣獲致更制度化及永續性的推動與保障。

十餘年來，各直轄市及縣市地方政府對於傳統表演藝術的普查工作雖多已落實，但因委託執行單位、實際執行訪問調查人員的專業性問題，以及對於《文資法》內容精神的認知不足，導致各縣市的相關普查過程及結果鬆嚴不一、品質參差及建議偏差，使得此最重要的基礎資料建檔工程品質不盡如人意。為使此調查研究的執行方法及品質要求建立基本共識，以下分享筆者長期進行傳統表演藝術田野訪談及執行相關普查、保存維護計畫的經驗心得。

充分瞭解文資法及調查對象

依據2016年7月新修訂的《文資法》，與無形文化資產相關法條集中在第七章的第89-94條，而又與傳統表演藝術直接相關者為：

1、第89條第1款：「直轄市、縣(市)主管機關應定期普查。」
2、第90條：「直轄市、縣(市)主管機關應建立無形文化資產之調查、採集、研究、傳承、推廣及活化之完整個案資料。」
3、第91條第1款：「由直轄市、縣(市)主管機關審查登錄，辦理公告，並應報中央主管機關備查。」；第3款：「主管機關應認定其保存者，賦予其編號，頒授登錄證書，並得視需要協助保存者進行保存維護工作。」
4、第92條：「主管機關應訂定無形文化資產保存維護計畫，並應就其中瀕臨滅絕者詳細製作紀錄、傳習，或採取為保存維護所做之適當措施。」

在瞭解《文資法》相關法條的內容精神後，我們可認知到相關普查計畫執行的嚴肅性與重要性。目前，除了臺北市政府文化局有進行傳統表演藝術分項（如歌仔戲、布袋戲）的普查計畫外，其他縣市多只進行「傳統表演藝術」之大項普查計畫，此雖符合《文資法》之分類概念，但也因執行的經費、期程有限，以及所涉及相關專業領域過於龐大，而使得普查計畫的執行存有相當的難度及侷限性。

是故，專業執行團隊的組成及事半功倍的工作效率變得益形重要。亦即，在《文資法》的規範引導下，直轄市及縣市政府主管機關（文化局處）需先及定期進行傳統表演藝術之普查工作，建立完整之相關個案資料，並據此審議、登錄合宜之「項目」的保存者／團體，同時提報中央主管機關（文化資產局）備查；直轄市及縣市政府登錄之保存者／團體，應賦予登錄理由、編號及頒授登錄證書，並主動協助保存者／團體進行相關保存計畫的規劃擬定及執行，以及在登錄的同時，應先委託執行該項目的保存維護計畫進行研究，以為該項目之傳習、保存、推廣、教育等方式擬定適當措施。

截至目前，各直轄市、縣市主管機關通過登錄之「傳統表演藝術」（含新《文資法》之部分口述傳統與民俗）項目總計59個（桃紅色者為中央登錄具保存者或保存團體身分之項目）：

（一）**戲曲**：

  1. **布袋戲**、傀儡戲、皮影戲。

  2. 京劇、**亂彈戲**、**北管戲曲**、**南管戲曲**、**歌仔戲**、客家戲、九甲戲。

  3. **本地歌仔**、客家三腳採茶戲、撮把戲等。

（二）**音樂**：

  1. **客家八音**、**客家山歌**、**恆春民謠**、**滿州民謠**

  2. **說唱**、**相聲**

  3. **北管音樂**、**南管音樂**、京劇音樂、高甲音樂、**歌仔戲文場音樂**、採茶戲後場音樂、布袋戲後場音樂、十三音、十全腔、太平歌隊、開路鼓、鼓亭。

  4. 阿美族馬蘭Macacadaay、臺東阿美族馬蘭複音歌謠、泰雅族大坪部落Pana'wagi傳統歌謠、**泰雅族Lemuhu史詩吟唱**、泰雅族口簧琴樂舞、**排灣族口鼻笛**、魯凱族歌謠、**布農族音樂pasibutbut**。

（三）**藝陣**：車鼓陣、宋江陣、布馬陣、竹馬陣、牛犁歌陣、五婆姐陣、鬥牛陣、草鞋公陣、蜈蚣陣、醒獅陣、金獅陣、客家獅、龍鳳獅陣、白鶴獅陣、天子門生陣、踏涼傘、八家將、什家將、官將首等。

（四）**其他**：跳鍾馗。

上「北管戲曲」保存團體漢陽北管劇團於宜蘭南方澳漢聖宮前演出。
下「布袋戲」保存者陳錫煌（右）看著文資局傳習計畫之期中評鑑演出。

無形文化資產調查專題研究──傳統表演藝術　29

一如上述統計，臺灣的傳統表演藝術涉及的專業範圍頗為廣泛，不僅是藝術類門上的，且是族群上的、語言上的。就以戲曲一類為例，偶戲專精者不見得熟悉人戲，懂得前場表演藝術者不見得瞭解後場音樂，更別說各劇種間在語言、音樂、表演、審美上的差異，這些其實都需要長時間累積內化的專業知識。因此，在專業、學習分工相對狹窄的現實狀況下，如何能妥適分工、揚長避短地有效執行相關普查計畫，於是成為我們首要的面對課題。

相關專業知識的準備

現實上，執行傳統表演藝術普查計畫的助理人數不可能多到能照顧到各個專業領域，所以依照各直轄市及縣市傳統表演藝術資源的生態特性，聘定二至四位具相關專業類項的助理，進行專業普查的分工及支援是為常態。而且，在進入田野場域之前，需先熟讀消化調查範圍之地方志書及所負責類項的相關研究成果及歷次普查計畫報告書。

地方志，是記載地方的地理、歷史、人物、自然生態、產業、藝文等資訊的著作，既是一種記載地方所有事物的百科全書，也是研究地方史重要的參考資料。以縣市或鄉鎮為書寫對象的地方志閱讀，有助於普查助理瞭解調查範圍內之文史、人口、族群、語言、風俗、地理等知識，尤其應關注其中藝文、民俗、宗教、社會等相關篇章，此與調查對象有較直接的關係。

如果被分配到進行某縣市的戲曲團體及個人的普查工作，相關

宜蘭「壯三新涼樂團」為文化部登錄的「本地歌仔」保存團體。

專業知識、先行研究的閱讀消化，即是計畫執行得以「見林」的必要過程；而相關先行普查計畫的詳實掌握則是調查對象得以「見樹」的關鍵，以及聯絡資訊索引的基礎。若以在桃園市做戲曲資源調查為例，田野前即應先閱讀林鶴宜的《臺灣戲劇史》（2015）、呂訴上的《臺灣電影戲劇史》（1962）、邱坤良的《日治時期臺灣戲劇之研究》（1991）、徐亞湘的《日治時期中國戲班在臺灣》（2000）、黃心穎的《臺灣的客家戲》（1998）、蘇秀婷的《臺灣客家改良戲之研究》（2005）、鄭榮興的《臺灣客家戲之研究》（2016）、陳龍廷的《臺灣布袋戲發展史》（2007）、徐亞湘的《客家劇藝留真：臺灣的廣東宜人園與宜人京班》（2011）、《母女同行：阿玉旦黃秀滿的客家戲曲人生》（2011）、《老爺弟子：張文聰的客家劇藝生涯》（2012）及蘇秀婷、林曉英的《兩臺人生大戲：劉玉鶯與曾先枝》（2011）等書，之後再熟讀《桃園縣本土戲曲、音樂團體調查計畫報告書》（1995）、《桃園縣傳統戲曲與音樂錄影保存及調查研究計畫報告書》（1996）、《桃園縣四平戲調查研究》（1998）、《桃園縣傳統表演藝術資源調查期末報告書》（2007）等，則能對桃園市戲曲團體的發展與變化有所把握，達至對研究對象「見樹見林」的基本認知，以及做為後續調查及修訂的重要基礎。

「恆春民謠」保存者陳英女士。

調查研究的原則與方法

求其「全真」，是進行傳統表演藝術調查的工作原則。

「全」，方能確實反映地方傳統表演藝術生態及變化軌跡，且須兼及歷史縱深與當代現況全貌。調查者可在先行調查案報告書的資料檔案及縣市政府文化局提供登記之相關團體名單的基礎上，先建立擬訪談對象名冊及其聯絡方式，之後在個別訪談的過程中再進行調查對象的篩選及擴充。因為文化資產保存普查的主要目的之一在於對團體／個人的稀有性、獨特性、代表性、重要性進行評估及是否後送地方文資審議大會的依據所在，所以，調查重點宜放在現存尚有活動、傳承的團體及藝術、經驗累積豐厚並具重要性、代表性的個人之上，展現其「全」。又因傳統表演藝術登錄的保存者多為個人，除卻其技藝／藝術需具備一定的重要性、代表性外，其年齡不宜過低（如低於六十歲）、健康情況良好且具傳藝意願，亦為建議提報的考量重點。

「真」，則是確保調查資料有效及得以正確評估的基礎，此涉及訪談者的專業基礎及訪談技巧。選出準確的調查團體對象，並挑準具代表性的受訪者，是資料得以為真的關鍵。此外，因執行期程及經費所限，大概僅能訪談一次即需完成普查表的填列，所以如何做好事前的準備工作，並擬妥相關訪題極為重要。誠懇地把訪談內容準備好是取得受訪者信任的關鍵，而訪談過程中如何發現問題予以追問、釐清，又如何辨析訪談內容的真偽及可能的線索，以及將訪談內容轉化為表格時如何與史料文獻對照勘誤等，亦需審慎以對。

訪談前做足功課、擬妥題綱、設計好訪談資料使用同意授權書、聯絡時態度誠懇並取得受訪者信任、訪談時虛心聆聽並擅於發掘問題及追問、訪談結束後盡可能拍攝受訪者及翻拍相關文獻圖像照片、整理訪談錄音時細心記錄並做好補充對照及勘誤、填妥普查表格內容需交付受訪者確認無誤、計畫成員彼此充分討論並徵詢顧問意見後，建議委託單位做適當的後續處理。

結語

傳統表演藝術為地方之文史、地理、族群、語言、民俗、宗教、生活等長期相互作用影響而形成傳統之表演藝術形式，在歷史脈絡中有其重要性及代表性，更為全民共有的文化資產及情感記憶所在。可惜，在當代其依生、發展環境面臨了諸多因素的衝擊與挑戰而多有式微、變形甚至滅絕的情形。《文資法》自1982年制訂頒佈實施，再到2005年進行整體性與結構性的修法後，各直轄市及縣市政府的傳統表演藝術普查研究工作以及登錄項目的保存維護計畫才開始全面開展，但十餘年來，各主管機關對此之重視及要求程度不一，致使上述應求其「全真」的普查報告書品質參差，連帶地影響後續提報、登錄、項目定名等事宜。為能真正落實《文資法》精神及各後續、上位計畫的執行品質及傳統表演藝術的永續保存與發展，作為堅實基礎的各直轄市、縣市定期傳統表演藝術普查工作，仍須執行團隊的專業發揮、地方政府文資主管機關的重視及專家學者的顧問把關方能致效。◆

(上)王金櫻（左）與小咪繼廖瓊枝後雙雙獲得文化部登錄為「歌仔戲」保存者。

(下)「泰雅史詩吟唱」的保存者林明福。

二、傳統工藝

文・圖──黃世輝

國立雲林科技大學設計學研究所教授兼圖書館館長

《文化資產保存法》傳統工藝的登錄及保存認定基準

根據《文化資產保存法》（下稱文資法）第三條有關文化資產的定義中，第二款第二目定義傳統工藝為「流傳於各族群與地方以手工製作為主之傳統技藝」。再根據文資法施行細則第10條，則傳統工藝的項目：

包括裝飾、象徵、生活實用或其他以手工製作為主之傳統技藝，如編織、染作、刺繡、製陶、窯藝、琢玉、木作、髹漆、剪粘、雕塑、彩繪、裱褙、造紙、摹搨、作筆製墨及金工等。

可見傳統工藝包括了生活實用工藝、裝飾工藝、象徵工藝等三大類，漆碗、竹盤、陶杯等多為「生活實用工藝」；漆畫、玉雕、繡花等多為「裝飾工藝」；而剪黏、鑿花、彩繪等則多為宗教使用的「象徵工藝」。

據此由各縣市政府所登錄的傳統工藝與保存者，以及由文化部文化資產局所登錄的重要傳統工藝與保存者（人間國寶）已經逐漸累積，越來越豐富。

傳統工藝的登錄首先由各縣市文化局處啟動，在民間提報或文化局處主動提報之下，開啟相關的調查、訪視與審議。傳統工藝相關保存者的登錄又分為「傳統工藝保存者」與「傳統工藝保存技術保存者」兩大類，前

者強調工藝技藝,後者強調修復技藝。在傳統工藝保存者訪視的資料表上說明,傳統工藝應「具可追溯歷史脈絡、顯現持續累積與發展之軌跡,其登錄並符合下列基準之一」:

一、具有藝術價值。
二、具時代或流派特色。
三、顯著反映族群或地方之審美觀。

而針對保存者個人則要求符合下面三項:

一、熟知並能正確體現該登錄項目之知識、技藝與文化表現形式,並具代表性。
二、具該登錄項目之傳習能力與意願。
三、在文化脈絡下為適當者。

在保存技術保存者方面,訪視資料表則提示「為指定或登錄各類文化資產保存修復有實際需要且必需加以保護者,需符合下列基準之一」:

一、有形文化資產之保存、修復、維護等工作不可或缺之傳統技術。
二、無形文化資產實踐中不可或缺物件製作、修復之傳統技術;其技術具有一定專業性、針對特定無形文化資產之實踐所發展,並對表現該無形文化資產價值具有顯著作用。

三、前二款傳統技術操作上必要工具之製作修理、或材料之生產製造
　　之傳統技術及知識。

　　在個人登錄的審查時，應同意將該技術保存、傳承及公開，並符合下列各款條件：

一、充分掌握該項保存技術所需相關知識及執行程序。
二、正確體現、執行該項保存技術之能力。
三、傳習該項保存技術之溝通及輔導能力。

　　在保存團體登錄的審查時，團體應同意將該技術保存、傳承及公開，並符合下列各款條件：

一、充分掌握該項保存技術所需相關知識及執行程序。
二、正確體現、執行該項保存技術之能力。
三、傳習該項保存技術之溝通及輔導能力。
四、設有代表人或管理人。
五、以操作該保存技術為團體之主要活動。

傳統工藝調查的七大項目

針對傳統工藝，在從事調查行動時，究竟要調查哪些事項？參考與綜合各種調查的內容，以及調查的實務經驗，筆者整理出以下七大項目。

一、工藝材料的調查

工料、工具、工法、工序等，可以說是深入理解工藝內容的第一個重要部分。在工藝材料方面，建議至少可以詢問以下問題：

- 所用材料從哪裡來？產地在哪裡？
- 材料產地的特殊風土為何？
- 如何選擇適當材料？
- 可用材料的種類有哪些？性能差異在哪裡？
- 材料的特性有什麼？
- 材料如何保存？
- 材料如何進行初步整理、加工？
- 次要材料有哪些？重複上述問題。

二、工藝工具的調查

「工欲善其事，必先利其器。」因此工具的使用在工藝製作中是個關鍵課題。也因此，學習工藝的第一課往往是材料的認識與工具的保養。在工藝工具的調查方面，建議至少可以詢問以下問題：

- 工具從哪裡來？工具產地在哪裡？
- 工具製作使用了哪些材料？
- 工具製作使用了哪些技術？
- 哪家店、哪位師傅做的工具？
- 工具產地的特殊風土為何？
- 如何選擇適當的工具？
- 可用工具的種類有哪些？差異在哪裡？
- 不同工具如何分開使用？
- 使用這工具需要什麼特別的方法、訣竅？
- 工具怎麼做日常維護？技巧在哪裡？

三、工藝工法與工序的調查

　　理解工藝的材料與工具之後，接下來就會想知道工藝製作的方法與程序，也稱為工法與工序。建議至少可以詢問以下問題：

- 整個步驟與工序可以大致分為哪幾個大的階段？
- 每個大階段又可以細分成哪些步驟？
- 從材料、雛形、成形到精緻，可以分成那些不同的步驟、工序？
- 有沒有製作過程的流程圖？
- 有沒有事先繪製的手稿？
- 完成作品的過程使用了哪些特別的技法？
- 該技法由何而來？向誰學習而得？
- 該技法的詳細做法為何？需要留心的重點有哪些？

- 該技法適合用在什麼情境條件？
- 有沒有自己新創的技法？

四、工藝品（物件）的調查

分析理解工藝的「四工」（工料、工具、工法、工序）之後，接下來需要記錄的是工藝物件本身。傳統工藝登錄的是技藝與保存者，而非工藝作品，但工藝作品卻是評估技藝的藝術價值、流派特色、族群審美等的重要依據。

對工藝物件的記錄內容的，可以參考文資法施行細則第29條針對古物的部分，該條文指出暫行分級古物清單應「載明名稱、數量、年代、材質、圖片及暫行分級之級別」，暫行分級為國寶及重要古物者則需檢具資料包括「一、文物之名稱、編號、分類及數量。二、綜合描述文物之年代、作者、尺寸、材質、技法與其他綜合描述及文物來源或出處、文物圖片。三、暫行分級為國寶或重要古物之理由、分級基準及其相關研究資料。四、保存狀況、管理維護規劃及其他相關事項」。對工藝物件而言，暫行分級則可以暫不處理。工藝物件可以詢問以下問題：

- 記錄時間、記錄地點、記錄者、記錄編號
- 工藝物件的名稱
- 工藝物件的來源或出處
- 工藝物件的創作者、年代
- 工藝物件的大小、尺寸

・工藝物件的材質
・工藝物件使用的技法
・工藝物件的照片
・工藝物件的保存與受損情況
・工藝物件整體描述
・工藝物件的3D掃描、數位建檔

五、工藝藝師的生命史調查

　　對於有望登錄成為保存者的藝師，希望能夠詳細調查其生命史，一般而言可能包括學藝時期、就業時期、創業時期、教學時期、創作與展出時期等，但每位藝師或保存者的狀況可能有很大差異，分期也會有所不同。為了理解其生命史，基本上會詢問以下問題，但往往是以半結構式訪談的方式進行，在聊天中順勢探查更深入的經驗過程：

・學藝的時間與過程、師承與派別、派別成員
・出師後的工作與就業
・獨立創業後的工藝事業經營、經濟狀況（如置產情形）
・生命中的重要協助者（貴人）
・作品的分佈、所在
・對創作的美學看法
・工作室的環境、作品保存情況
・收徒情形、子女繼承意願

- 授徒方式、教學方式
- 推廣教育的執行情形
- 辦展情形、銷售方式、網路行銷情形
- 登錄保存者的過程或意願
- 生命歷程的分期與整理

六、工藝藝師對該行業的看法調查

　　傳統工藝藝師往往一輩子都從事相同行業（也有跨行過來的），因此對於業界的發展歷史與現況十分熟悉，為了理解該傳統工藝的社會生存樣態，會詢問以下問題：

- 該類工藝的社會需求基礎為何？
- 該社會需求數十年來經歷了怎樣的轉變？轉變的脈絡情況為何？
- 國內同行的競爭狀況如何？同行約有多少家？
- 製作過程有怎樣的內部與外部的分工合作？
- 國外來的競爭有哪些？競爭情況如何？
- 訂做的數量每年約有多少？
- 訂做以外的創作情形如何？
- 訂做交件、訂做外的創作、教學服務等三方面，各佔據工作時間的多少百分比？
- 作品得獎的情形如何？被收藏的數量有多少？
- 專書出版情形？

七、工藝藝師對傳統工藝價值的看法調查

傳統工藝的存在對地方社會與臺灣整體社會而言，具有實用與裝飾與象徵的作用、技藝與美學的呈現、愉悅勞動與頂真精神的展現、工作倫理與環境倫理的實踐等價值。但藝師自己對工藝價值的體會又是如何？因此在調查中會詢問以下問題：

- 以工藝作為謀生方式，經濟上的成就感如何？可以給予自己幾分？（10分滿分）
- 您對工藝作品的細緻度會要求到什麼程度？由什麼條件決定？
- 在工藝品的訂做、創作、教學、社會服務等各方面工作，您會要求自己符合哪些道德、品格？
- 以工藝作為立足社會的專長，您認為您的工藝對社會的主要貢獻有什麼？
- 您認為從事工藝最有價值的是什麼？

傳統工藝的文化生態體系與四設四道

前一章中筆者整理了工藝調查的七大項目，包括：工藝材料、工藝工具、工法工序、工藝物件記錄、藝師生命史、對行業看法、對工藝價值看法等。如果將這些項目彙整成一個圖，則大致可以整理成工藝的文化生態體系圖如下：

工藝的文化生態體系「天社物技」與四設四道。

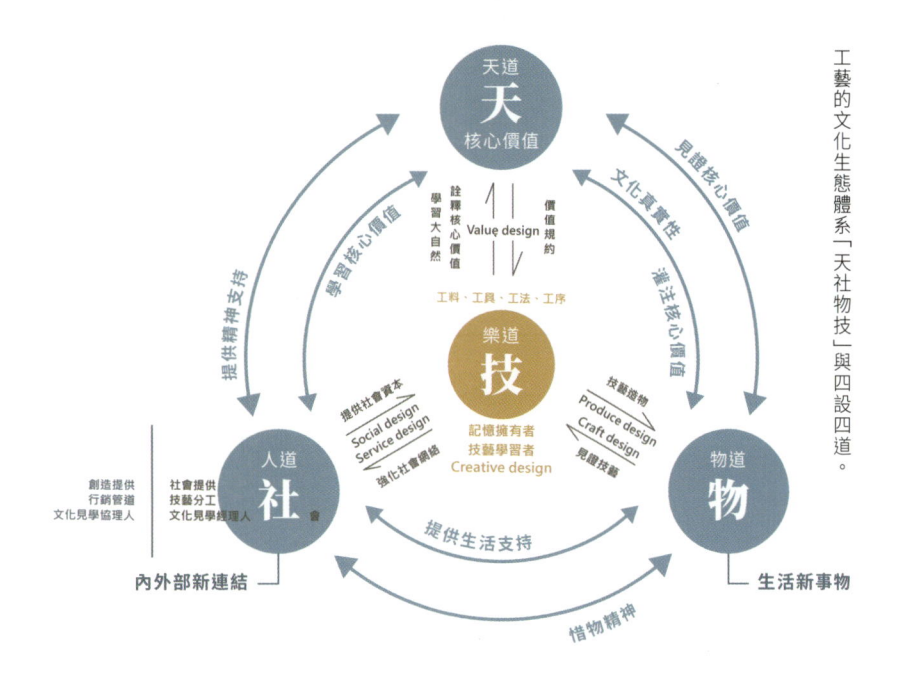

　　最中間的項目是廣義的工藝技藝，包含了工料、工具、工法、工序等「四工」，也是上述調查項目的前三項。右下方的「物」則是工藝物件，也是調查項目的第四項。左下方的「社」代表從事工藝所需要的內外部社會連結，具體表現在藝師的生命史（第五項）與對行業的看法（第六項）上。最上方的「天」則是工藝的核心價值（第七項），往往包括實用、美學、精神與倫理等。

　　進一步從設計的角度來看，上述「天社物技」都可以有轉譯對應的四類設計行動，「天」對應「價值設計」，「社」對應「社會／社區／服務設計」，「物」對應「工藝產品設計」，而「技」則對應「創意設計」。從工藝精研與工藝提升的角度來看，上述「天社物技」都可以有轉譯對應的四種「道」，「天」對應天道（工藝價值與環境倫理），「社」對應人道（與社會及社區的連結），「物」對應物道（工藝物件的構成與創新），而「技」則對應樂道（樂於此道）。

　　無論如何，從工藝的文化生態體系項目，可以更完整地執行調查，使工藝的內涵從技藝、物質的物體系，到社會支持體系，到價值體系等都獲得更為深入的理解。◆

無形文化資產調查專題研究──傳統工藝　　45

三、民俗

文・圖——謝國興
中央研究院臺灣史研究所專任研究員

現行《文化資產保存法》（2016 年 7 月 27 日施行）定義的無形文化資產包括五種：傳統表演藝術、傳統工藝、口述傳統、民俗、傳統知識與實踐，其中「民俗」一項「指與國民生活有關之傳統並有特殊文化意義之風俗、儀式、祭典及節慶」，在實際操作上，民俗中的儀式、祭典過程，以及節慶表演活動中，往往包含表演藝術、口述傳統、傳統知識與實踐等性質，有時不易截然劃分。

民俗陣頭分類

廟會慶典、神明巡遊遶境時，為增添熱鬧，或作為宗教性儀式的必要配置，會出現各式各樣的表演性團體或儀式性隊伍，一般稱為「陣頭」。遶境的主體是神明、神轎（四輦或八人抬大轎），轎前通常有涼傘或繡旗，一般都有鑼鼓開道，更慎重的是由武陣在前護衛，香客在轎後隨行，如此形成「一陣」。有時為增加熱鬧氣氛，兼具娛樂功能，各式陣頭也參與巡遊遶境隊伍中進行表演，構成「一大陣」。

陣頭的分類，各研究者認知標準不一，若依「形式」可分為：宗教儀式、歌舞小戲、音樂演奏、雜技表演；依「功能」可分為：鎮邪除煞、歡樂熱鬧兩類；依「組成方式與組織成員」可分為：庄頭陣、職業陣二種。「庄頭陣」指由村莊居民自主性組織訓練，為廟會需求臨時組

成的陣頭;「職業陣」顧名思義指常態性存在,供人僱請參加廟會出陣表演的陣頭。

民間社會經常採用最簡單的區分:文陣、武陣。文陣為歌舞表演的熱鬧陣,如南管、北管、牛犁歌、跳鼓陣等,或人員較少的宗教儀式功能陣頭,如八家將、官將首;武陣為具有功夫技藝表演的大型陣頭,如宋江陣、金獅陣、白鶴陣等,原始本質為宗教儀式性陣頭,但常被以為只是熱鬧陣。

職業陣也有其傳承與社會意義,不過以下介紹的重點是傳統庄頭陣如何調查研究的個人經驗,特別以大型宋江系統武陣為例。

宋江系統武陣的起源與流布

2019年10月至2020年12月,臺南市政府文化局對整個臺南市各區進行宋江系統武陣調查,發現各地聚落或宮廟曾經組織過的宋江陣、金獅陣總數至少有287陣,目前形式上還存在的約230陣,但真正能完整出陣、表演陣法、功夫套路的估計剩不到三分之一,不過已經是全臺灣保存數量最多、形式最完整的地區。

宋江系統武陣為什麼是值得調查研究的重要民俗?因為它的起源歷史悠久,明清時期在閩南地區出現並盛行,傳到臺灣之後在中、南部伴隨移民開發,在鄉間聚落普遍存在,既是地方團練自衛武力,也是廟會活動最具有社會、宗教文化意義的陣頭。

漳泉地區有長遠的械鬥傳統,又因明代以來為了防禦倭寇(其中實際上大部分是中國海盜)與盜匪,漳泉沿海居民練武風氣甚盛,各村

莊武館林立，大家練就一身拳腳工夫與器械套路武藝，平常很少機會表現，只有在迎神賽會時結合水滸梁山的故事編練陣法，以及進行器械拳術演練，因而有了「宋江陣」。

宋江陣的人物角色源自《水滸傳》，《水滸傳》不僅是文學，其中尤其富含宗教（道教）思維，108條好漢比附天罡地煞星轉世，有降妖伏魔之能。文學是戲劇的張本，宋江陣的發源應與水滸文學開展出的戲劇有關。福建漳、泉一帶出現宋江陣可能是明代中後期的事，而且可能源自模仿廟會「檯閣」、「以姣童妝扮故事」的形式。檯閣的故事內容包括水滸傳情節，也就是以梁山泊108條好漢故事組成化粧遊行隊伍（踩街）。中國民間以水滸故事化妝踩街民俗表演的記載首見於明代張岱《陶庵夢憶》，描述杭州附近有模仿36位梁山泊好漢裝扮參與祈雨儀式的故事，在廣東潮汕地區普寧迄今仍然有以裝扮梁山泊108位人物造型的「英歌舞」化妝遊行，男舞者雙手各持一短棍，邊舞、邊吼、邊敲擊，兼含戲劇與儺舞元素，當地認為英歌舞能「驅邪保平安」。

靜態的遊行踩街不免單調，後來演變為以小孩或少年根據《水滸傳》情節在遊行過程中搬演短劇（臺灣稱之為「落地掃」），漸形成宋江戲（演員多孩子，故稱為「宋江仔」），宋江戲的戲劇部份後來精緻化發展，成為閩南地區著名的「高甲戲」；拿著水滸人物各式兵器化粧踩街遊行的成年人，也發展出沿途表演小戲劇情或武術套路的「套宋江」（對打，臺灣稱「損對」），後來再與漳、泉州地區流行的少林五祖拳術結合，加上陣法變換，成為傳承梁山泊人物造型服飾打扮的「妝宋江」，亦即「拍面宋江陣」；另一類型以武館為組織核心，形

成勁裝打扮、強調拳術與兵器對打表演功夫的宋江陣（數量較多）。武館為了配合地方宮廟的儀式性需求，通常也會演練舞獅表演的套路，於是產生了「獅陣」，閩南地區許多武館因此既有舞獅隊，也同時表演宋江陣。

閩南原始型態的武館教習獅陣或宋江陣技藝也傳衍到臺灣，主要是在嘉義以北地區，尤其是在臺中、彰化、雲林一帶，有名的武館系統如勤習堂、振興社、集英館、同義堂等不下四、五十個名號，當地方有廟會活動如進香、謁祖、過爐、請水、請火、繞境等，武館即受邀號召徒眾組成獅陣（臺灣南部習稱「金獅陣」）或宋江陣護衛神轎與香陣，同時也進行武藝表演。

這種型態與漳泉地區武館生態與功能相若，主要差別在於清代臺灣因屬移墾社會，移居臺灣之後再發生二度移民的情況也不少，因此較少同姓宗族聚居成為村落，即使有，規模也小，宗族無法成為約束村落居民的內在社會力量；1970、最晚1980年代開始，臺灣因工商業發達，農村人口外流，武館生徒亦漸流失，多數武館停閉，彰化、雲林、嘉義地區過去有許多有名號的武館，收徒習武並組織獅陣或宋江出陣參與地方廟會，目前則多數僅剩館號，獅陣僅能舞獅頭，無法排陣法、練兵器、表演拳術，宋江陣則幾乎完全消失。大甲媽祖每年遶境進香熱鬧滾滾，但大甲地區的傳統獅陣大多奄奄一息，是最典型的例子。

宋江陣的起源之一是源於搬演梁山泊水滸故事的宋江戲，閩南宋江陣傳統中有一種類型是人物比照水滸傳的人物角色，並化妝（拍面）出陣，目前在閩南地區已不多見，泉州南安市石井鎮院前村曾

有一陣穿高甲戲服的宋江陣,當地稱為「妝宋江」。廈門翔安區內厝鎮趙崗村宋江陣原屬化妝式宋江陣,近幾年仍有出陣紀錄,但形制似乎不甚完整。

臺灣地區目前大約還有16陣化妝式的「拍面」宋江陣,其中臺南10陣,高雄、屏東各3陣。這16陣沒有人能說得出自己跟閩南地

上 穿戲服的歸仁崁仔頭宋江陣。
下 穿五行五色服的歸仁西勢宋江陣。

區哪一個村莊的直接淵源。就服裝上來看，可分成兩大類，一類是穿著傳統戲服（或華麗裝扮），另一類是以五行顏色搭配的服裝及穿著草鞋為主要特徵，36人成陣，部分成員以傳說中的水滸人物作扮相。

「拍面化妝」源自儺儀中的面具概念之轉換，故又稱「代面」。儺以逐疫，宋江陣化妝拍面之後，具有神明附體的想像與意涵，可以鎮邪逐煞，替天行道。五色代表五方五行，陰陽五行是中國傳統思想中與個人生命、宇宙生成變化密切相關的概念，八卦形似蜘蛛網，象徵宇宙之天羅地網，「是一張疏而不漏的乾坤網，也是抵禦邪靈入侵最有力的象徵物」。拍面宋江陣結合儺儀、五行、草鞋、法器，當其排列八卦陣時，恰如臺灣最早研究宋江陣的董芳苑所觀察的：「宋江陣係一業餘的巫術團體，以言語、行為、符咒與器械等為方法來壓制邪魔，達到驅鬼的目的」。

拍面宋江陣的裝扮中，頭帶是另一個值得注意的部分。歸仁西勢、關廟埤頭、下營紅毛厝宋江的全體成員幾乎都綁青色頭帶，紅毛厝的青色頭帶以頭箍樣式製作，前額向上突出部分為與頭帶一體成形的圓立體造型，尾端呈小散花狀，十分講究。扮演時遷角色的頭箍更顯特色，一種是以紅布做立體造型，另一種更講究的是以苧麻或稻草編織成繩狀草圈，草圈接頭處在前額延伸一段向上，如同蛇頭翹起。福建為百越民族的居地，蛇圖騰是閩越民族的崇拜象徵，閭山派法師常用之法器，頭部由樹根雕刻成蛇頭狀，可供法師持以舞弄，身部以苧麻編織成繩狀，稱為法索，即是蛇圖騰的轉化運用。泉州晉江地區流傳一種古老的民俗「抉胸舞」（「抉」的閩南語發音為kwat，意思與「摑」近似，一般稱為拍胸舞），跳舞時四至八人上陣，赤

裸上身，下身著短褲衩，先以雙手在胸前合擊一掌，接著兩手依序拍打左右胸膛、腋窩、大腿等部位，共發出七聲清脆聲響，故亦稱「打七響」，同時雙腳配合跳動，頭部與身體亦左右搖動，是一種節奏簡單的原始舞蹈。在「舊時代」的迎神、進香、乞火等民間信仰活動時最常出現，當地人認為拍胸舞應該是古代儺祭的流亞。抉胸舞的舞者最特別的造型，是頭部戴著一個紅布條與草索混編紮成的草圈（頭箍），草圈在前額處接頭，並留出一段向上如同蛇之昂首，混編的紅布剛好在頂端露出，如蛇之吐信。下營紅毛厝宋江陣的時遷所戴的頭箍，最能體現蛇昂頭吐信的意象，因此拍面宋江陣較之抉胸舞，更直接與古老的閩越儺儀銜接。

如何調查研究宋江戲統武陣

在當今社會結構下，庄頭陣組織訓練越來越困難，這些仍然存在的宋江武陣如何傳承？反應民間信仰、地方社會、宗教文化的哪些意義？

調查研究宋江系統武陣，網路上可隨手查到不少相關文字介紹、影片，這些僅供參考，更有不少是道聽途說、傳抄轉述的似是而非信息，可供參考，不能盡信。任何調查研究進行之前，基礎知識的蒐集整理、閱讀吸收是必要的。目前至少已有十篇以各地宋江陣、金獅陣作為研究主題的碩士論文，地域多數集中在臺南，少數針對高雄內門與茄萣地區。專書則以吳騰達《宋江陣研究》（1998）及黃名宏《圖解臺灣陣頭：宋江系統武陣》（2021）為代表。文化部文化

資產局、各縣市政府文化局網站有已登錄的無形類文化資產個別項目的基本介紹，也可參考。

雖然已有不少研究，但每一個陣頭仍各自有著不盡相同的源起、師承、儀式、陣法、武術背景與故事，仍需經由現場田野觀察、訪談、紀錄等收集調查資料。目前要做武陣的田野調查，臺南地區陣頭最多，高雄次之，屏東還有少數幾陣能出陣。

以曾文溪流域的武陣為例，具有民俗與宗教意義的宋江武陣組立，通常在正式組陣前幾個月就先開設臨時性的武館（俗稱暗館），召集人員蹲馬步、請師傅教習個人拳術，研究調查記錄從這階段就必須開始，藉以瞭解其武術淵源。接著在正式出陣前兩至三個月左右，舉行請神（陣頭保護神）入館儀式，一般稱入館或立館（也有稱開館），宣告陣頭成軍，開始操練兵器技藝、拳術（個人表演、對打）、團隊陣形、陣法等。

西港烏竹林金獅陣請神儀式。

各武陣請神入館儀式不盡相同，有簡單在廟內外進行而已，也有到溪流、曠野、大樹下等進行繁複儀式。可利用拍照、錄影觀察記錄，事後再向廟方或陣頭主事人員請教儀式細節及涵義。

　　曾文溪流域武陣操練通常利用平日晚上，週日休息，也有只操練星期六日，例如內門靠山區，許多在外工作、讀書的陣頭人員只能假日回來練習。操練過程是參與觀察（盤撋）的良好機會，比較能利用空檔跟主事者（領隊、教練）請教陣頭的淵源演變、如何招募人員、困難如何克服等等，也能跟個別陣頭人員（宋江腳）聊天認識，了解各種參與陣頭的動機、想法等。

　　如果混得比較熟了，有些宮廟或陣頭師傅可能保存陣頭本身有關的文字資料、陣法圖式、拍面宋江陣的臉譜等，可借閱或翻拍留存記錄。

　　武陣操練完成，正式出陣前通常會擇期前往主辦廟會祭典的宮廟進行一場正式表演，曾文溪流域稱為「開館」，內門稱「拜佛」或「過埕」，鹽水溪與許縣溪流域稱「開刀」、「開斧」，這是進行完整記錄的最好時機。之後武陣可能會前往交陪廟宇參拜、表演（稱「探館」，二層行溪流域稱「拋箍」），若是建醮，陣頭會排定日期逐一到各會首壇參拜、表演，藉此可觀察宮廟之間、陣頭之間如何互動的陣頭文化。

　　需要武陣出陣的廟會活動包括建醮、請水（請火）、進香謁祖等，通常隨之進行遶境，遶境過埕中武陣的表演方式與功能各地不同，通常到了廟埕遇到歌仔戲、布袋戲台時，武陣會對戲臺參拜行禮，戲團人員則現身台上答禮，何以故？因為宋江陣源出宋江戲，有相同的保護神田都元帥，戲棚後台依慣例會設置戲神神位，因此拜戲

棚其實是拜戲神。

等到廟會所有活動結束，陣頭將擇期舉行謝館送神儀式，陣頭解散。下一次組陣、出陣再從請神儀式開始。

小結

宋江陣與金獅陣多奉九天風火院田都元帥為保護神，田都元帥在民間信仰中原本已有的驅邪鎮煞「職能」，在臺灣移墾社會中不斷被加強，遂從原始的鄉里團練自衛、技藝表演發展為宗教性質十分濃厚的儀式性陣頭。臺灣南部穿著勁裝輕便服飾的宋江陣數量相當多，強調武術技藝之外，也仍保存濃厚的驅邪鎮煞宗教儀式意味與功能，若論及宗教儀節內涵之豐富、信仰與生活文化傳承之意義，則拍面宋江陣無疑更具代表性。因此宋江系統武陣觀察的重點在於其宗教儀式的民俗文化意義，若能同時瞭解其師承、演變、地域社會認同，當然更好。◆

四、口述傳統、傳統知識與實踐

文・圖───黃季平
國立政治大學民族學系副教授兼原住民族研究中心主任

2016年公布修正《文化資產保存法》，將無形文化資產分為傳統表演藝術、傳統工藝、民俗、口述傳統、傳統知識與實踐五大類，雖與聯合國《保護非物質文化遺產公約》分類方式相對應，但對於新增的「口述傳統」、「傳統知識與實踐」的界定與操作仍在摸索中。

口述傳統的界定

聯合國《保護非物質文化遺產公約》第2條第2項所提「非物質文化遺產」項目中的第一項「口頭傳統和表現形式，包括作為非物質文化遺產媒介的語言（oral traditions and expressions, including language as a vehicle of the intangible cultural heritage）可以對應到臺灣文資法的第三項「口述傳統」。兩者均提到是用口頭傳統（口語、吟唱傳承）世代相傳的表現形式，這些表現的重點是以「語言」作為媒介。

在聯合國討論的語言傳統包括各式各樣被表現的口語藝術（performed oral arts），又可分為敘述性的，如神話、傳說、謎語、故事、民俗戲劇等，以及非敘述性的，如詩歌、讚美詩、諺語、問候語、咒語等。但是語言的傳統經常是物件與口語的結合，例如慶典、儀式、民俗工藝、民俗藝術也有口語傳達的部分（黃季平，2016：4）。如下圖：

[1] 出自 2015 年 10 月 9 日屏東舉辦「臺灣原住民族的口述傳統座談工作坊」，范揚坤教授報告「無形文化資產與口述傳統」口頭報告內容。見黃季平《臺灣原住民族口述傳統文化資產調查與保存維護案例撰寫計畫》，2016，頁 5。

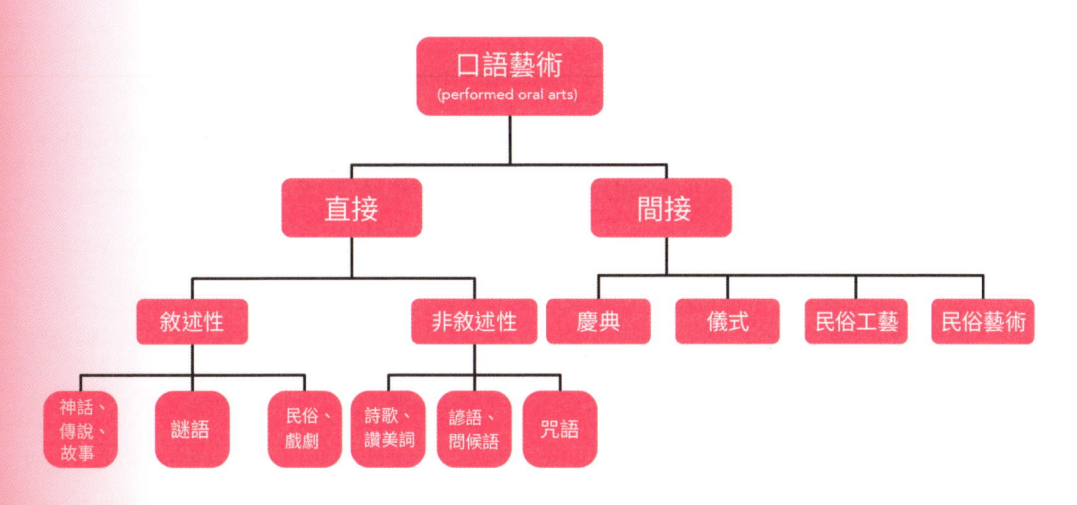

```
                    口語藝術
              (performed oral arts)
                ┌────────┴────────┐
              直接                間接
         ┌─────┴─────┐      ┌───┬───┬───┬───┐
      敘述性       非敘述性   慶典 儀式 民俗工藝 民俗藝術
    ┌───┼───┐    ┌───┼───┐
  神話、 謎語 民俗、 詩歌、 諺語、 咒語
  傳說、     戲劇  讚美詞 問候語
  故事
```

聯合國口語藝術呈現的類型（圖片來源：作者繪製）

　　聯合國的口語藝術的類型，在臺灣統一般都歸類在「民間文學」或「民俗學」的領域範疇，例如神話、傳說、故事、歌謠、史詩、敘事詩、謎語、諺語、歇後語、對聯、民間戲劇、說唱、曲藝，強調非文字的表現形式，以口頭語言方式呈現，因此具有庶民性格。與聯合國所提口語藝術的表現形式是雷同的，就是透過生活娛樂、藝能、勞動技術，用自己的語言來「說」或「唱」傳遞生活文化的口傳模式。范揚坤[1]認為口述傳統就是「口傳文化」與人聲表演藝術文化的差異與重疊關係而區分為：①祭儀歌曲、祭詞與祭祀技術（記憶詞）②生活民歌（歌詞、口語即興創作）③說唱（唸歌、勸世文、相聲、講古）④生活與社交語言（口語修辭、社交應酬、叫賣等行業技術語言工具）等等。

他在上述的基礎上將臺灣的「口傳文化」涉及的類型分成：
1.漢文化：說唱、講古、講四句（講好話）、祭祀詞、勞動技術語言工具
2.原住民文化：祭歌、史詩、祖訓、會談（形式：唱、誦、說、對話）

臺灣對口傳文化的認識，說明一切透過口語形式所展現出來的文化樣貌、形式、內涵，都是屬於口頭傳承的文化。換言之，口述傳統是由「口說」或「吟唱」來傳遞信息，將文化與傳統一代代傳承下來。新修的《文資法》在上述的基礎上對口述傳統的定義：「指透過口語、吟唱傳承，世代相傳之文化表現形式。」施行細則的說明：「包括各族群或地方用以傳遞知識、價值觀、起源遷徙敘事、歷史、規範等，並形成集體記憶之傳統媒介，如史詩、神話、傳說、祭歌、祭詞、俗諺等。」

「口述」，更明確的說是「以口傳達」，包括用說或用唱。「傳統」是指已經存在並傳承相當一段長的時間。「集體記憶」是某個民族、某個地方、某個氏族、某個家族的共同經驗，但不可以只是個人的經驗。「口述傳統」出現之前，有一名詞與之非常相似的是「口述歷史」，常常被誤會而需要大費唇舌解釋。「口述傳統」不是「口述歷史」，這兩個詞彙因為用了口述，常引起大家的混淆。而口述一詞涉及的意涵只有「講」而沒有「唱」，在口述傳統類型中，有大部分是用唱的而不是講，或許「口述傳統」改為「口說傳統」或許更符合Oral的精神，也能避免混淆。

傳統知識與實踐的界定

聯合國2003年公布的《保護非物質文化遺產公約》第2條第2項所提「非物質文化遺產」的項目中的第四項「有關自然和宇宙的知識和實踐」(knowledge and practices concerning nature and the universe)，可以對應到臺灣文資法的第五項「傳統知識與實踐」。兩者均提到的行為是「知識的實踐」，聯合國項目名稱直接指涉是「自然界和宇宙」，臺灣項目名稱雖用「傳統」一詞，但背後的意涵亦與自然與宇宙相關。

臺灣新修的《文資法》對傳統知識與實踐的定義：「指各族群或社群，為因應自然環境而生存、適應與管理、長年累積、發展出之知識、技術及相關實踐。」施行細則的說明：「包括各族群或社群與自然環境互動過程中，所發展、共享並傳承，形成文化系統之宇宙觀、生態知識、身體知識等及其技術與實踐，如漁獵、農林牧、航海、曆法及相關祭祀等。」

從「傳統知識與實踐」的定義與細則來看，在判斷上仍讓人感到困惑。特別是望文生義的情況下，很多人會問：製作「○○」有傳統的知識體系，算不算？這個「○○」可替換為紅龜粿、牛肉麵、青草茶、胎毛筆等等。所以同樣為新增的文資項目「傳統知識與實踐」的登錄情況比「口述傳統」更不理想。文資局認為原住民族應該會有較多符合的個案，因此而有「傳統知識與實踐資料徵集」計畫的產生。

2017年委託國立東華大學楊政賢執行《傳統知識與實踐資料徵

集委託第一期計畫—雅美族》，該計畫針對「傳統知識與實踐」的概念提出具體的說明，涉及「傳統知識與實踐」的項目有三個評量指標與屬性：1.集體共有、2.生計經濟、3.永續經營，透過文化資產觀點來處理看似包山包海的「傳統知識與實踐」的文資，應該以具有文化意義與系統化的型態的文資為優先（楊政賢，2018：34-36）。楊政賢所提三個評量指標與屬性如下：

1. 集體共有

根據《保護非物質文化遺產公約》立法精神，並參照臺灣新版《文化資產保存法》，係指只有在族群或社群，團體或個人承認創建，維護和傳播它時才具有「遺產」特徵。倘若，所欲提報案例所指涉族群或社群之「集體共有」屬性之核心概念已不清楚，已無其他人可以為他們決定其特定表達或做法是否屬於他們「遺產」的話，其承載族群或社群「傳統知識與實踐」的「集體共有」作用就不復存在；那麼，構成「傳統知識與實踐」的認定與內涵，將無法有效成立。

2. 生計經濟

臺灣「傳統知識與實踐」強調人與自然環境之間密不可分的互動關係，提出如漁獵、農林牧、航海、曆法等案例，因此具有「生計經濟」的屬性，應視為「傳統知識與實踐」重要標準。若提報案例其彰顯原初經濟的「生計經濟」屬性已不存在，無法有力佐證其生態智慧、在地知識與文化機制的話，其「傳統知識與實踐」的核心構成基礎，恐將因此而動搖。

[2]「泰雅族Lmuhuw」在文資法修法前被列在「傳統藝術」的文資項目，修法後，各縣市政府再依法改列「口述傳統」項目。Lmuhuw na Msbtunux（泰雅族大料崁群口述傳統）重要口述傳統於2019年11月公告。

3. 永續經營

「傳統知識與實踐」追求文化多樣性，持續尊重人類的創造力的核心價值，即在於有能力分享給其他人群類似的無形文化資產的表現。它們從一代傳到另一代，回應了他們因生活環境改變而建構起來的知識，提供了一種認同感和連續性，從過去、現在到未來，串起了一個永續鏈接。有助於社會凝聚力，鼓勵一種身份感和責任感。因此，提報案例是否具備「永續經營」此一重要特質，並藉由禁忌文化來維持社會規範與行為表現，自然也成了評量其是否符合「傳統知識與實踐」的核心指標之一。

尋找臺灣的「口述傳統」與「傳統知識與實踐」

目前臺灣「口述傳統」與「傳統知識與實踐」的文資登錄情況為何？要到哪裡去尋找具有潛力的個案？

（一）口述傳統

「口述傳統」項目在臺灣登錄的情況為何？2012年就被指定為國家級「重要傳統藝術」，[2] 泰雅族 Watan Tanga 林明福是以重要傳統藝術項目，獲文化部指定為國家級「重要傳統藝術」的保存者。而相關研究從2011年開始，由行政院文化建設委員會文化資產總管理處籌備處（文資局前身），委託吳榮順執行的《非物質文化遺產——泰雅族口述傳統與口唱史詩文化資產調查與建檔計畫》，被認為是近年來催生泰雅族Lmuhuw口述傳統文化資產保存運動的開始（鄭

光博,2018:203),之後泰雅族所在的各縣市政府如遍地開花似地登錄「泰雅族口述傳統Lmuhuw」,原住民族本來就具有不少的歌謠、古謠,「口述傳統」文資較豐富的概念也就深植人心。所以,因應文資法新的「口述傳統」項目,文資局就從「原住民族」的文資開始做起。

目前口述傳統的登錄共計七案,均為原住民族的文化資產。究其七項文資個案,就有五個與泰雅族Lmuhuw吟唱相關,其中桃園登錄的「Lmuhuw na Msbtunux」(泰雅族大嵙崁群口述傳統)被列為重要口述傳統,林明福為Lmuhuw吟唱的重要保存者。另有二案登記類別為其他,是「臺東縣鹿野鄉Parayapay(巴拉雅拜)部落mifukayay、mirakatay及pa'olic喪禮歌謠吟唱」,和屏東縣排灣族「Puljetji佳興Taljiyalep家族婚禮歌謠」。見下表:

Puljetji佳興Taljiyalep家族婚禮歌謠 排灣族傳統社會制度的建立與穩定性,展現在排灣族傳統婚禮嚴謹的規儀及婚禮歌謠代代傳唱家格脈絡,以維護傳統部落社會階序倫理。	2020.09.14 屏東縣政府	1
臺東縣鹿野鄉Parayapay(巴拉雅拜)部落mifukayay、mirakatay及pa'olic喪禮歌謠吟唱 臺東縣鹿野鄉的Parayapay(巴拉雅拜)部落,至今仍保留傳統的阿美族喪葬習俗,同時也保有mifukayay、mirakatay及pa'olic的習俗。部落只要有人往生,在棺木下葬時,便開始進行mifukayay,讓喪家的心靈得到安慰,有重新振作的動力,具有安撫的作用。	2020.09.04 臺東縣政府	2

文資局登錄「口述傳統」7案圖表。（資料來源：根據《口傳的記憶：無形文化資產的口述傳統》手冊（林修澈，2022：13）修改製表）

項目	內容	日期 / 機關	編號
泰雅族北勢群Gaga口述傳統	傳統上泰雅族社會沒有文字書寫的傳統，因此對於社群的歷史記憶與Gaga文化傳承媒介，便是以祖先所流傳下來的語言，透過口語敘述或歌謠吟唱的方式進行。	2019.11.25 苗栗縣政府	3
Lmuhuw na Msbtunux（泰雅族大嵙崁群口述傳統）	Watan Tanga林明福以傳統方式述說與吟唱，保留了族群起源、族群遷徙、祖先遺訓、傳統領域等泰雅族群認同的要素。	2019.11.18 文化部	4
泰雅族Msbtunux群Lmuhuw	Lmuhuw是泰雅族語言智慧的結晶，以口說或吟唱的方式，在開會、談判、提親、結婚、祖靈祭、交誼等各種場合，將所欲傳遞的訊息以象徵、比喻的手法呈現。Watan Tanga是大嵙崁流域少數能吟唱Lmuhuw精髓的人。	2019.02.11 桃園市政府	5
泰雅族Malepa群口述傳統	南投泰雅族Malepa群的口述傳統，包含泰雅族的起源遷徙部落史、傳統Gaga規範，且交代其相關典故由來，具文化意義並有一定之完整性。翁進文先生能流暢的以Lmuhuw宣敘（朗誦式）唱法來進行泰雅族Malepa群口述傳統	2018.12.25 南投縣政府	6
泰雅族Sqoyaw群口述傳統	Tesing Silan廖英助、Silan Wilang詹坤煌具備臺中環山區域Sqoyaw群地區之歷史、遷移、家系、傳統領域等口述傳統知識，並能以傳統方式實踐。	2018.12.20 臺中市政府	7

㊤ 佳興排灣族人在舊伐灣部落練唱婚禮歌謠。
㊦ 阿里山鄒族特富野社的戰祭 Mayasvi。

《文化資產保存法施行細則》列舉口述傳統的種類有「史詩、神話、傳說、祭歌、祭詞、俗諺等」，但無「歌謠」一項。然，從新登錄的「巴拉雅拜部落喪禮歌謠吟唱」與「Puljetji佳興Taljiyalep家族婚禮歌謠」的案例來看，兩者都有「歌謠」之名，這類口述傳統來自日常生活，多為對生命儀禮的吟唱，本質上不是表演。除了上述這些登記的口述傳統案例，還有一些具有潛力的案例也值得大家關注。布農族的malastapang（報戰功）、平地人的褒歌、khan-bông-kua-tīn（牽亡歌陣）、kóng-kóo（講古）、siok-gí（俗諺）、sǹg hî-á-tsai（數魚栽）等。另外也有一些已經登錄的文資，但仍然具有口述傳統的成分，例如登錄「傳統表演藝術」類的客家山歌、恆春民謠；登錄「民俗」類的賽夏族paSta'ay矮靈祭與鄒族mayasvi的祭歌或西拉雅族吉貝耍夜祭的牽曲。

　　我曾問過臺東文資的承辦人，臺東有沒有「口述傳統」的文資，他很認真的回答，「風箏石」的傳說算不算？「傳說」是被列入口述傳統的類型之一，但是當地目前還有人在講風箏石的傳說故事，而形成一種講故事的傳統？還是，這個傳說已經被文字記錄下來，人們是透過文字的形式重新認識這個故事？神話與傳說正好介於「口傳」說故事的年代已經不復存在，面對已經「文字化」的神話傳說故事，就只是文本，不是「口述傳統」。所以，「口述傳統」應該是目前仍然動態的存在的一種傳承文化的表現形式，文字記錄的都不算。那麼，臺灣哪裡還有仍然在被講述的神話與傳說的口述傳統？大部分的人想像原住民族是不是還有可能保留著「口傳」說故事的部落？

就像我們小時候物資不發達的年代裡，常見社區的廟旁或大樹下，有老人在講故事，旁邊圍著人在聽的場景。但是，隨著社會的變遷，這些場景也逐漸消失，原住民族的情況也一樣。所以，口述傳統要保存的不是神話傳說的內容，而是「講神話傳說的形式」，因為是透過講述或吟唱，所以「語言」就變得相當重要，因為不會這個語言就不會講也不會有人聽。因此，我們對「口述傳統」的認知應該是──個人或群體透過群眾的聚集來講述與傳唱的文化表現形式。

（二）傳統知識與實踐

傳統知識與實踐共登錄「傳統手工製茶──名間埔中茶」、「傳統手工製茶──鹿谷烏龍茶」、「臺東新港鏢旗魚」、「芳苑潮間帶牛車採蚵」四案。在選擇個案登錄時，對於傳統知識與實踐的定義的確認較無共識，因此，目前的登錄個案不多，也存在一些認定的問題。

芳苑潮間帶牛車採蚵　　　　　　　　　　　　2020.05.12
芳苑自日本時期起，蚵農便以牛車載運牡蠣之方式保留　彰化縣政府
至今。牛車採蚵為近海養殖的第一級產業所發展出來的
獨特生活方式，顯著反映族群或地方與環境互動下形塑
之生活特色。不論養牛與訓練，及牛車修理等都有其專
業技術，所承載之傳統知識內容具一定系統性與完整性。
保存團體為彰化縣西海岸環境教育保護協會。

1

文資局登錄「傳統知識與實踐」4案圖表。（資料來源：根據「國家文化資產網」資料製表）

臺東新港鏢旗魚

臺東縣成功鎮自日本時期建港開始就奠基漁業發展基礎，日本移民引入鏢旗魚漁法，為新港鏢旗魚產業共創造了鏢旗魚文化。鏢旗魚法以負責投鏢的船長為頂點，向下明確地職責分工，組成一個捕魚團體。漁民會用到捕魚技術（獵魚技術、駕船技術之類）、應對自然的知識（確定漁場或天候觀測技等），甚至是超自然知識（如唸咒、改運的技術等）。保存者：盧旻易、陳志和、江偉全。保存團體：新港區漁會。

2019.10.18
屏東縣政府

2

傳統手工製茶──鹿谷烏龍茶

鹿谷鄉日本時期就開啟凍頂烏龍茶品種之種植，至民國70年代，家戶幾乎都靠著茶業改善家中經濟狀況，傳統手工製茶產業可追溯歷史脈絡，及持續累積與發展之軌跡。茶葉生產及製作技術等知識，流傳形成地方知識學，所承載之傳統知識內容具一定系統性與完整性。顯著反映族群或地方與環境互動下形塑之生活特色。保存者為蘇文昭。

2019.01.25
南投縣政府

3

傳統手工製茶──名間埔中茶

名間埔中茶原稱「埔中茶」，其後曾稱「松柏長青茶」，今則稱為「臺灣好茶」。自清朝至今，不同階段有著不同的發展史，居民長久以來因自然地理環境，經濟作物以茶為主，幾乎家戶都有部份簡易的設備可獨立製茶或茶菁加工。過去以「相伴工」完成工作，反映地方與環境互動下形塑之生活特色。製茶過程承載傳統知識內容，具一定系統性與完整性。保存者為陳茂淳。

2019.01.25
南投縣政府

4

㊤ 港口部落阿美族的Ilisin豐年祭第一天晚上年齡階級分肉。
㊦ 蘭嶼的芋頭田最接近的文資類別是「傳統知識與實踐」。

若以楊政賢所提的三個關鍵指標1.集體共有、2.生計經濟、3.永續經營來檢驗已經登錄的四個案例，三個指標都具備的是南投縣登錄的兩個製茶案例，只具備兩項指標的是牛車採蚵與鏢旗魚，這兩個案例都缺少「永續經營」。牛車採蚵曾經在芳苑一帶是很蓬勃的產業，利用海牛在潮間帶蚵田採蚵與運蚵的獨特景觀，使其在2016年被登錄為彰化縣的「民俗」。然而因經濟效益，傳統的海牛運蚵工作已逐漸被汽車取代，當地牛隻慢慢變少也淪為觀光的工具。在被質疑是否具有民俗文資價值的情況下，重新提出海牛運蚵方式是為適應自然環境的生活型態而展現出傳統知識與技術的傳承，在2020年，改登錄為「傳統知識與實踐」的類別。鏢旗魚需要技術，目前漁民出海捕魚的方式多元，會鏢旗魚這項技術的人越來越少，從永續經營的角度來看，這兩個文資的發展令人擔憂。南投所提的兩個製茶案例雖然都符合三個關鍵指標，但是令人困擾的是，由於「傳統知識與實踐」是集體性的文化資產，因此若兩案的保存者登記的不是團體而是個人，容易引起很多不必要的干擾。臺東鏢旗魚採取的是個人與團體同時登錄，雖不盡理想，但可以做為南投製茶案例的參考。

　　從目前登錄的四個案例來看，「傳統知識與實踐」登錄遇到的相關問題，確實還需要更多的研究來釐清。除了上述這些登記的口述傳統案例，還有一些具有潛力的案例也值得大家關注。若要從原住民文化來理解「傳統知識與實踐」的系統性文化，蘭嶼島的雅美族的「水源水渠與水芋田系統」、「海洋夜曆」、「傳統家屋」應是具有潛力的項目，但族人需要更多的討論與共識。另外，原住民族「狩

「獵」文化是否也具有「傳統知識與實踐」的文資潛力？浦忠勇撰寫「傳統知識與實踐」的釋義時提出鄒族的「butis'i獵物分配／分享」、「meemi釀酒文化」、「ekubi男子集會所興建」三個潛力項目（浦忠勇，2020：113-118），這應該也是值得關注的潛力項目。

結語

　　由於「口述傳統」與「傳統知識與實踐」登錄的個案太少，目前許多縣市政府開始進行「普查計畫」的工作，希望透過普查的過程，找到更多的潛力案例。普查結果能夠提報成為文資的個案應該也不會太多，因為保存「口述傳統」與「傳統知識與實踐」無形文化資產最大的問題仍是在傳統社會的變遷速度太快、語言瀕危，保有這兩種無形文化資產的環境幾乎都在消失中。不過，不同類別的文化資產都有其基本的核心價值，就文資登錄來說，找到核心價值就能解決登錄的問題。重點是核心價值是什麼，這是目前還在尋找的共識。◆

引用資料

- 林修澈（2022）。《口傳的記憶：無形文化資產的口述傳統》光碟手冊。臺中：文化部文化資產局。64頁。
- 浦忠勇（2020）。《傳統知識與實踐資料徵集委託第二期計畫—鄒族》。臺中：文化部文化資產局。139頁。
- 黃季平（2016）。《臺灣原住民族口述傳統文化資產調查與保存維護案例撰寫計畫》。臺中：文化部文化資產局，448頁。
- 楊政賢（2018）。《傳統知識與實踐資料徵集委託第一期計畫—雅美族》，臺中：文化部文化資產局。209頁。
- 鄭光博（2018）。〈泰雅族口述傳統Lmuhuw的研究〉，《民族學界》，42，頁189-228。
- 「國家文化資產」網站：https://nchdb.boch.gov.tw/

1. 蘭嶼島上的飛魚。
2. 蘭嶼水芋的灌溉系統。
3. 蘭嶼朗島部落的地下屋。

五、無形文化資產的價值評估及行政措施

文・圖——黃文博

資深民俗文化研究學者、國家重要民俗審議委員

文資價值如何評估？

無形文化資產的價值評估，主要有兩個場合：第一，進行調查研究報告（通常為地方政府執行案）完成之後，對於某項無形文化資產具有「登錄文資潛力」，執行團隊得進行無形文化資產的價值評估，結論通常載明於「結論與建議」中，以便提供委託機關做為後續提報文資訪查的參考資料。第二，地方或中央政府啟動無形文化資產現場訪查之後，由出席委員一至二位書寫該訪查案的文資價值評估，提供文資審議會所有委員參考。

現場訪查之後的文資價值評估法令，主要依據《文化資產保存法施行細則》第14條第二款（2022年修正）：

主管機關將文化資產指定、登錄或文化資產保存技術及保存者登錄、認定之個案交付審議會審議前，應依據文化資產類別、特性組成專案小組，就文化資產之歷史、藝術、科學、自然等價值進行評估，並依評估結果作成報告，內容應包括專案小組成員、個案基本資料說明、相關會議紀錄、文化資產價值評估內容及評估結果等。

這般現象，也就是前述的第一點，無法條規定必辦，只是委託機關（地方政府）居於需要委請執行團隊撰寫，可有可無，惟「居於需要」，委託機關（地方政府）通

常都會在合約載明;「第二點」則必須建置。在登錄之後的保存維護計畫之「基本資料建檔——文化資產相關履歷」中，得要做完整呈現，筆者列為「登錄程序十大流程」之一。

無形文化資產五大類（傳統表演藝術、傳統工藝、民俗、口述傳統、傳統知識與實踐）登錄之後，主管機關依據《文化資產保存法》第92條與《文化資產保存法施行細則》第34條之規定，必須啟動保存維護計畫，進行七大項指標之書寫，分別是：基本資料建檔、調查與紀錄製作、傳習或傳承活動、教育與推廣活動、保護與活化措施、定期追蹤紀錄、其他相關事項等；這七大項指標的建置完成，即可供中央、地方文化資產主管機關行政人員、保存者、實踐者檢視和參考運用。

如何以文字保存無形文化資產？——談基本資料建檔及範例

「基本資料建檔」主要建檔對象就是「文化資產相關履歷」，也就是要把文資登錄過程的所謂「登錄程序十大流程」說清楚講明白，十大流程分別是：普查與提報→行政訪視→現場訪查→審議前說明會（傳統表演藝術、傳統工藝不必開審議前說明會；原民案例外）→文資價值評估→文資審議→公告（報備）→授證→保存維護→其他。

訪查後的審議文資價值評估，並無統一格式，筆者因多次受命執筆，並參考多方意見，整理出一個書寫模式，提供參考。

一、**標題**：（提報名稱）文資價值評估

二、**基本資料**（列表呈現為佳，以下表格供參）

項目名稱		依據	《文化資產保存法施行細則》第14-15條
登錄類別		保存者	
專案小組			
訪視日期	○年○月○日	訪視地點	

三、**前言**：略述概況、啟動訪查緣由……。

四、**(提報名稱)內容與特色**：重點式的簡略描述即可，惟內容必須完整呈現，並條列簡述其特色；可搭配圖片說明。

五、**文資價值評估**：依據無形文化資產五大類(傳統表演藝術、傳統工藝、民俗、口述傳統、傳統知識與實踐)的登錄基準，逐條書寫；書寫內容為每位訪查委員意見。

六、**結論與建議**：①訪查結果決議，②委員建議(文資名稱、保存者名稱、其他)，③建議(對公部門、保存者)。

七、**字數**：以1500-3000字為宜，再多不超過5000字。

　　文資價值評估對於後續的提報及審議，關係至鉅。調查研究提報的文資價值評估，會是地方政府及保存者是否提報文資訪查的主要參考，因此，執行團隊應對有文資潛力之對象，依據登錄基準書寫足以說服訪查委員之充分「文資價值」理由，內容完備、內涵易見、簡潔有力、條理清楚。

　　文資訪查之後的審議價值評估，對於未參與訪查或不熟悉該項文資之委員，具有關鍵性影響，審議會委員依據審議文資價值評估

報告，可在短時間瞭解該項文資之內容、內涵、特色，以及第一線訪查委員的「結論與建議」，對於後續之審議或能「成竹在胸」。

參考案例

「馬鳴山五年千歲五年大科」文資價值評估報告

項目名稱	馬鳴山五年千歲大科	依據	《文化資產保存法施行細則》第14條
登錄類別	民俗	保存者	馬鳴山鎮安宮管理委員會
專案小組	林承緯、林茂賢、謝國興、黃文博		
訪視日期	2018/11/22	訪視地點	雲林縣褒忠鄉馬鳴山鎮安宮

「馬鳴山」原稱「馬龍山」，位在雲林縣褒忠鄉，昔因庄域北有馬鞍崙、南有翻龍崙小丘，先民取其「龍馬相會」而得名，日治時期行政劃分時誤寫為「馬鳴山」，其後庄紳考究「馬鳴」與二世紀佛教大師「馬鳴菩薩」同號而沿稱迄今。清領初期因海漂王船而有「五年千歲」之祀，隨後由老神朱府千歲神示創建鎮安宮奉祀，一路發展開來，隨著移民腳步而分祀於雲嘉沿海與平原地帶，由五股14庄擴及至約500個香庄，成為臺灣五年千歲之總廟，與南鯤鯓代天府的五府千歲「王爺總廟」南北媲美，此一地帶即有「南巡王」（南鯤鯓代天府五府千歲）與「北巡王」（馬鳴山鎮安宮五年千歲）之說。

「五年千歲」計祀12位王爺，依天干順序依序為：子年張、丑年徐、寅年侯、卯年耿、辰年吳、巳年何、午年薛、未年封、申年趙、酉年譚、戌年盧、亥年羅千歲等（與曾文溪流域十二瘟王系統相同，惟「徐」千歲在此地稱「余」千歲），因頭尾逢五年（即隔四年）的「五年大科」始舉行一次祭典，以寓意「五風十雨，國泰民安」，故有「五年千歲」之稱。

馬鳴山鎮安宮位在雲林縣褒忠鄉，係臺灣五年千歲之總廟，以「五年大科」為最大祭典。

馬鳴山鎮安宮每屆五年大科的農曆9月至10月間，係香庄進香請王爺的高潮期。

馬鳴山鎮安宮及其香庄歲時有兩大風俗，一為每年年初元宵節的平安遶境，即「馬鳴山五年千歲吃(食)飯擔」，另一為歲末農曆10月29日的神誕小祭典(平安法會)，此為春祈秋報之遺意，後者逢寅、午、戌年的「五年大科」(五年到、五年到年)，則擴大祭典，該年農曆10月間進行著一連串的進香儀式、三朝清醮與香庄遶境及迎送王爺儀式等，各有不同信仰意涵與文化意義，蔚為一俗。這兩項民俗分別於2014年、2015年通過縣登錄民俗。

一、五年大科的內容與特色

　　「五年大科」的內容與特色，展現在香庄進香請王遶境、三朝清醮(含王船換班)和香庄遶境迎送王等三大面向。

(一)香庄進香請王遶境

　　每屆五年大科的農曆9月至10月間，馬鳴山鎮安宮約500個香庄中，都約有300個會來進香並請王爺，前者在於刈取馬鳴山鎮安宮的香火，藉以增添所屬宮廟與神明的靈力，帶有飲水思源與薪傳香火的雙重意涵，時見多團進香團同時抵達，便會形成熱鬧的進香高潮，其間不乏龐大進香團者；後者在於迎請馬鳴山鎮安宮五年千歲(12尊中的一尊或數尊)，返庄進行遶境祈安或兼及安營儀式，數天後再恭送還神，為此，馬鳴山鎮安宮準備近50頂小型大轎，提供迎請香庄或宮廟使用，蔚為此地一俗。

　　香庄進香請王及其後續的遶境祈安模式，依洪瑩發大作《受眷顧的土地－馬鳴山鎮安宮五年大科》(2018年)的歸納分析，大抵有：①以大聚落公廟請神，香庄聯合辦理祭典；②以大聚落公廟請神，香庄各自辦理祭典；③不同香庄各自請神，再聯合送神；④不同香庄聯合請神，輪流祭祀；⑤一個香庄請神，各香庄接續輪祀；⑥請神回程順道遶巡交陪庄，形如半路香等類型，多元反映著雲嘉城鄉的組成、發展與合縱連橫。

（二）三朝清醮（含龍船換班）

　　馬鳴山鎮安宮每年農曆10月29日的神誕（小祭典），皆舉行一朝清醮，到了逢寅、午、戌年的「五年大科」（大祭典），便舉行三朝清醮，從農曆10月27日進行到10月29日（其實前後5天，前一日傍晚入醮請神，後一日清晨送神圓醮），各地前來鑑醮者頗為踴躍，鑑醮神尊每科都有一萬餘尊，廟內所有能用的空間，皆作鑑醮壇，擺置、迎送與管理自成一套系統，頗為壯觀。

　　三朝清醮科儀為臺灣民間常見之儀程，惟定期辦理清醮則不多，因而累積極為豐富的操作經驗，由管理與祭祀，各有所司，組織綿密，穩定順暢，極具在地活力與特色。依《馬鳴山鎮安沿革誌宮》（2017年版）之記載，其情形為：

主會股－媽埔、六塊寮、褒忠（中民、中勝、埔姜）。
主醮股－同安（含同北）。
主壇股－新厝、芋頭厝、有才（含北興）。
主普股－月眉、田洋。
三官首股－馬鳴山、昌南、復興。

　　三朝清醮第三日（農曆10月29日）在「酌謝王爺」之後，進行僅有馬鳴山鎮安宮才有的「龍船換班」，迎請新的三位五年千歲至「五年千歲大公園」九龍船船首處，換下在此鎮守一整年的三位五年千歲，儀程中並有王船祭典中「拍船醮」必有的「唱班」，形成獨樹一格的王爺文化。

（三）香庄迎送客王儀式

　　在馬鳴山鎮安宮信仰密集圈的雲嘉沿海與平原地帶，每屆「五年大科」的秋冬之際，許多香庄除了進香請神遶境之外，還多有迎送客王之俗，其中有的還與王船祭典結合，是雲嘉地區頗為重要的信仰形態與文化特色，惟到底有多少香庄、又各自採用何種方式迎送客王，則尚待更詳細的調查研究。

馬鳴山鎮安宮五年大科三朝清醮鑑醮神尊每科都有一萬餘尊。

三朝清醮科儀為臺灣民間常見之儀程，惟定期辦理清醮，應屬少數。

三朝清醮最後一天的普度，由核心祭祀圈的五股14庄實際施普。

「龍船換班」係馬鳴山鎮安宮獨有的儀式，龍首處空間極小，換班時擠進十餘人。

二、文化資產價值評估

　　馬鳴山鎮安宮於2018年9月23日以「馬鳴山五年千歲五年大科」為名，建請雲林縣政府文化處協助提報登錄重要民俗之審議訪視，文化部文資局隨即啟動訪視機制，邀請當屆民俗審議委員會林承緯、林茂賢、黃文博、謝國興等四

東石山寮仔由天宮安營送王儀式（2014）。

東石網寮鎮安宮送王（2010）。

位委員,由副局長邱建發領隊前後進行兩次(11/22、12/6)之訪視,訪視內容包括:簡報、座談、進香請王、清醮儀式、醮場空間、普度、王船換班等。

「馬鳴山五年千歲五年大科」於2015年9月15日公告為雲林縣登錄民俗(府文資二字第1047408522A號),登錄理由:①臺灣重要王爺信仰活動,規模盛大且影響深遠。②具有地方特色,與南部地區王爺祭典活動截然不同。③「五年大科」科儀保存完整,內容豐富多元。

保存維護計畫方面,包含:①雲林縣政府文化處2018-2019年委外執行「馬鳴山五年千歲吃(食)飯擔與五年千歲迎王保存維護計畫」。②馬鳴山鎮安宮於2018年自費出版《受眷顧的土地——馬鳴山鎮安宮五年大科》(洪瑩發著)。
(委員意見,略)

三、總結與建議

綜合訪查結果,總結與建議如下:

其一,四位訪視委員對於「馬鳴山五年千歲五年大科」之內容與內涵,皆一致認為符合民俗登錄、重要民俗登錄與保存者認定基準,具有重要民俗登錄之條件。

其二,對於登錄名稱,黃文博委員建議使用「馬鳴山鎮安宮五年大科」(原稱「馬鳴山五年千歲五年大科」),因「五年大科」為「馬鳴山鎮安宮」之民俗,非「五年千歲」之民俗,且「馬鳴山」不能代表「馬鳴山鎮安宮」;此外,一個民俗名稱有兩個「五年」,似嫌累贅。

其三,對於民俗保存者,黃文博委員建議使用「馬鳴山鎮安宮」(原稱「馬鳴山鎮安宮管理委員會」)。

其四,後續,雲林縣政府文化處或馬鳴山鎮安宮應有計畫逐年進行香庄進香請神形式及迎送客王類型的調查研究。

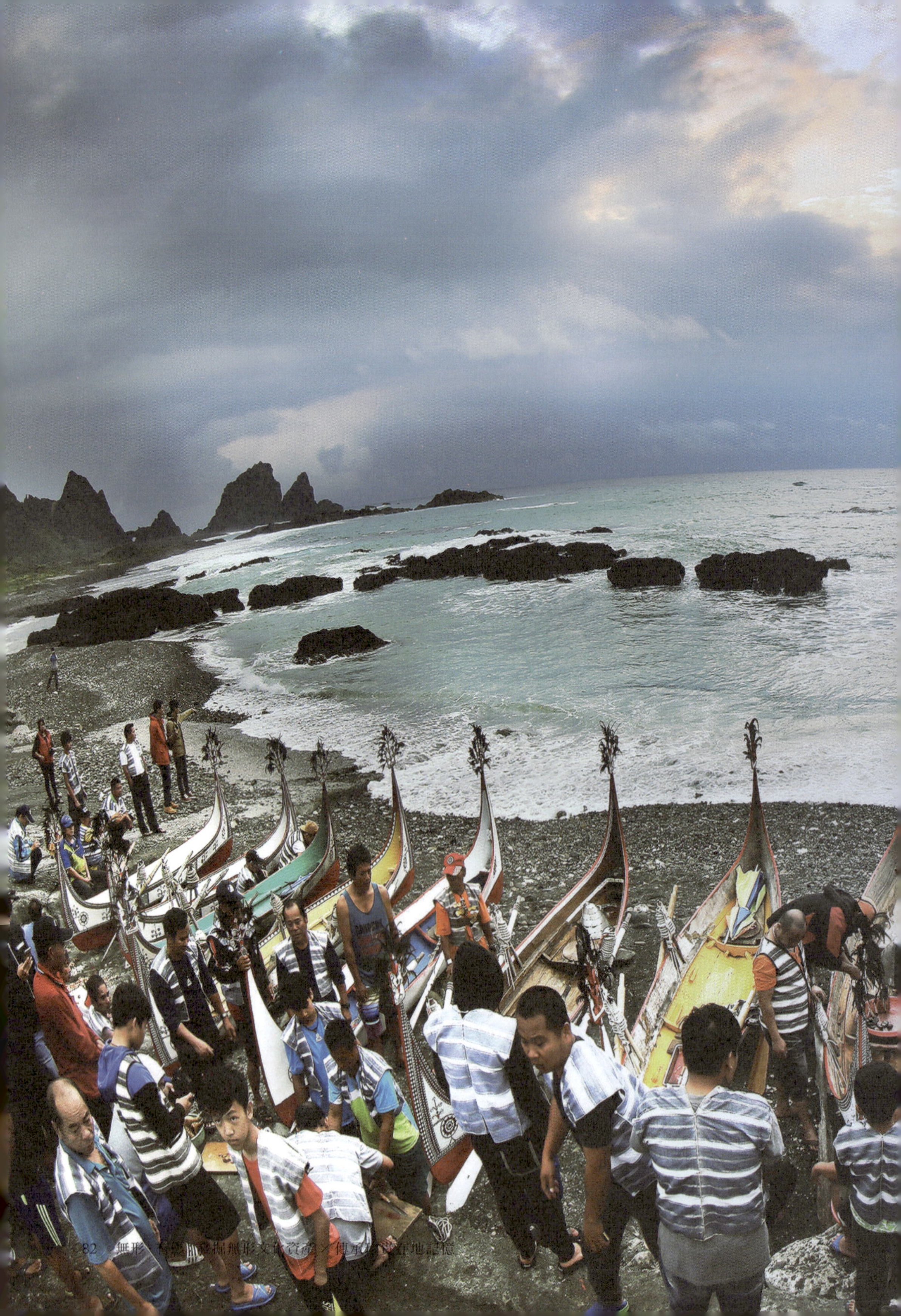

03

無形文化資產的普查機制及操作方法

準備篇

文——鄭明承
民俗文化研究者

　　無形文化資產的普查，可分為田野工作的準備、執行及後續建檔整理三個階段。普查的起始是由主辦機關委託，通常會有明確的調查需求規範，而實際進行無形文資普查的工作執行方式，則由承接普查案的調查團隊自行訂定工作內容，以能夠如實呈現調查成果、該項文化內容及整體價值的初步評估為目標，最終進行文字及影像等成果建檔，完成普查。本篇先從探討普查的前置準備作業談起，因為準備調查前得先掌握調查的資源、人力等，才能對整體執行有明確的預估標準。而委託的主辦機關一方，也需提供對等的資源，讓文化資產的前期普查有充分的執行能量。以下主要針對調查執行的普查團隊核心工作，做分別內容細述。

無形文化資產普查：準備篇操作要項

　　無形文化資產普查不只是單純的文化紀錄，而是對後續的文化資產保存做先期盤點及初步評估的工作，也絕非計畫主持人一人單打獨鬥就能完成，因此團隊的組成及事前整備，還有先期的相關資源確認皆為重要的前置作業。以下就普查前的準備，包含「編制普查人力」、「規劃調查研究」、「配合行政資源」進行說明。

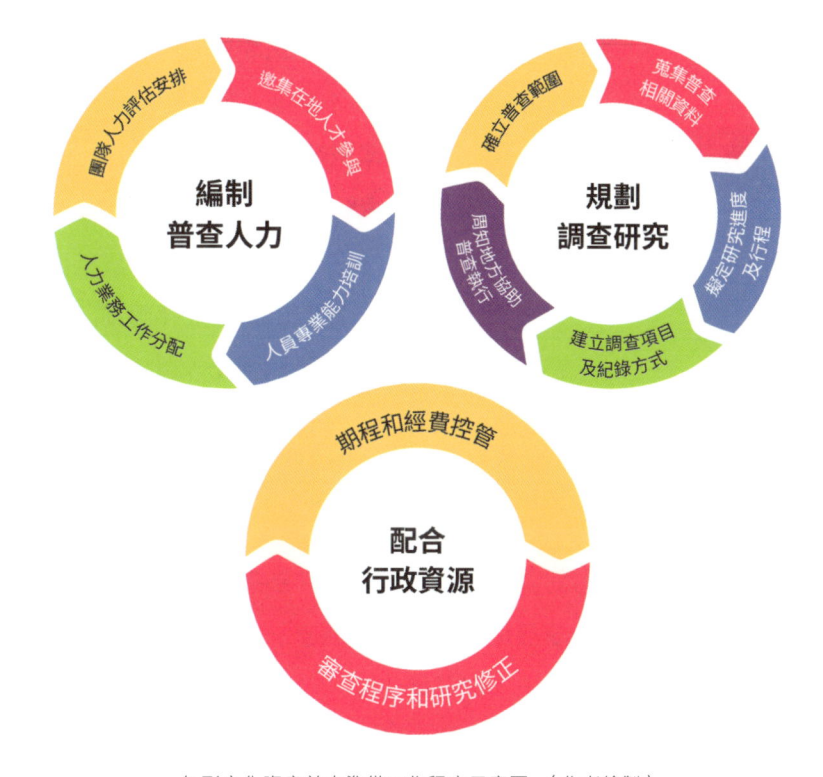

無形文化資產普查準備工作程序示意圖。(作者繪製)

一、編制普查人力

——團隊人力評估安排——

依據無形文化資產的不同類項，調查對象有時是大型的團體或活動，有時是單一藝師個人訪談，不同項目的人力安排和人才專業，需由普查計畫主持人進行評估，視該案執行普查標的，延攬專業人力組成普查團隊。以無形文化資產普查而言，雖無特定的科系背景

要求，但建議以文化資產、民族學、人類學、歷史學、藝術學及其他人文社會科學研究人才為主，對於普查過程的先備知識相對較充足。團隊也需依照專案規模大小，分成不同角色如協同主持人、諮詢顧問、專任／兼任研究助理、普查員等角色，各司其職來完成普查。

──邀集在地人才參與──

根據文化部文化資產局《無形文化資產實務執行參考手冊》：「主管機關發動普查時，應重視普查對象或地區之關係人之參與。」由於承接普查案的團隊不一定為普查指定縣市範圍的單位團體，若為外縣市的學術或民間單位，進入普查指定範疇的區域進行調查，若有對該地區環境人文條件熟悉、或對地方社群網絡有一定程度了解的成員從中協助，在調查上會減少許多阻力，合作形式例如聘請地方文史工作者擔任協同主持人或顧問 募集在地人才擔任普查員、周知調查事由請在地人協助引領訪查等。實際作法依普查專案的人員配置與經費預算，或是雙方洽談配合需求而定。

──人力業務工作分配──

在普查執行前，團隊內部需依成員所長，初步進行人力的調度和業務分配。通常普查專案配置一位計畫主持人，總體控管普查工作進度和內容，並對團隊進行教育訓練、召開內部會議和參與普查專案的定期審查會議等；數名研究助理，則主要配合計畫主持人規劃，負責執行普查進度、彙整研究調查內容、處理各項普查行程和相關行政事務、地方窗口的聯繫協調、協助普查人員行程安排及控

管經費運用等。除了常任的研究助理會參與調查，普查團隊也可另聘請對在地環境熟悉的在地人才擔任普查員，配合專案執行期間做特定項目或特定地區的調查，以影音、文字紀錄調查內容，協助後續普查成果之彙整等。以上人力，可視實際需求做調動。

── 人員專業能力培訓 ──

經由上述方式初步確定團隊的組成，則應對團隊內部人員進行普查的教育訓練。無論是行政協調和研究執行的專案助理，或是專職普查工作的調查人員，各自都具有不同的能力和專長所學，主要需強化團隊成員對普查的紀錄方法和各項調查過程的判斷原則，包含文史知識理解、確立文化資產法規及概念、強化調查訪談技巧、調查之影音拍攝、文字紀錄等準則。普查案的計畫主持人應肩負教育訓練的課程職責，不只是建立基本訓練機制，也可鼓勵普查人員多方參與公部門、學術單位或民間舉辦的文化資產普查相關研討會、工作坊、講座活動等，有助於提升調查能力。

二、規劃調查研究

── 確立普查範圍 ──

確立普查範圍，包含針對執行調查的「空間範圍」和具體執行普查的「項目範圍」兩部份進行界定。實質操作上，空間範圍和項目由普查主辦機關事先於委託之專案計畫做明確訂立，普查執行團隊則需依照《文化資產保存法》無形文化資產各類項之定義範圍下，選定

文化個案項目的設定，後續加以調查紀錄。此需考驗普查人員對具地方特色之文化內容了解，以及除了專長所學背景以外，對地方生活、文史的長期關注及接觸程度。如何掌握文化資源的內容，需從具備長時間累積、具有該地文化獨特性的信俗、行為或物件之文化表現意涵，評估可成為文化資產潛質的目標項目，提出作為調查目標。

—— 蒐集普查相關資料 ——

以上述的空間和文資項目初步界定，真正落實普查前，應就調查的技藝、儀式、祭典、文化行為及其參與者等資料，進行完整蒐集。資料來源也應挑選可信度較高的歷史文獻、地方志書、研究期刊、文史著作、政府報告書或出版品、相關報導、宮廟志書等，初步閱讀了解。也因應現在數位時代、社群媒體的發達，許多網路上的資訊也可成為參考來源，方便取得普查項目的現況資料和聯繫窗口資料，例如由公部門或民間建置的網站或社群專頁、在地人士的線上聯繫方式等。搜集這類資訊的目的，在於初步建立對調查的該地基本地方知識，了解文化的產生源起，日後實質訪查時，能就調查目標主體快速掌握重點內涵，要約訪技藝保存者或是對於具有時效性的祭儀活動，提前蒐集資料才能提前掌握所在地點或重要日程，此為調查事前必要功課。

—— 擬定研究進度及行程 ——

無形文化資產普查的過程，初步確立訪查對象後即應安排出訪的行程時段，專案執行期間整年度的祭儀、藝師個人活動等都是應

事先掌握的文化輿情，計畫主持人對於專案執行的經驗與專業在這些規劃上更顯重要。整體大型活動的調查策略或是個人性質的訪談安排，如何有效益地鋪排執行順序和完成進度，在執行專案期間可隨時由計畫主持人控管調整，或進行人員的安排調度。

── 建立調查項目及紀錄方式 ──

為了使調查紀錄成果有統一的書寫方式和紀錄品質，計畫主持人可與專案中的成員共同研擬紀錄用的表格格式、影音建檔方式流程，以及調查紀錄的用詞及統一範例，團隊成員應確實執行與遵守，如此一來，不僅是規範工作流程，也是為了後續提交普查執行報告給主辦機關時，有一目了然的普查表單供審查單位閱覽，也讓整體的普查成果具備一致性。

── 通知地方協助普查執行 ──

進行普查計畫之前，除了上述在人員配置上延攬對當地熟悉的普查人員，團隊在前往普查目標所在的地區前，或是需進入原住民族部落等，應事先周知欲訪查的藝師本人或團體、地方頭人或里長、在地組織、宮廟團體、公部門單位等角色，建立暢通的聯繫窗口，以確保執行調查的順利進行，以及事前得知地方的禁忌和訪查注意事項。若訪查對象有慣用方言，應事先聯繫可協助翻譯者一同前往，以利記錄訪查內容。

三、配合行政資源

——期程和經費控管——

就行政資源的面向上，主辦機關本身制定的普查計畫案內容需求即有經費和期程的明訂。普查由中央及地方政府編列相關預算定期辦理、委託執行。普查的期程、經費多寡，甚至是普查的項目、文化資產類別等雖有主辦機關的不同考量，普查團隊承攬計畫後，應考量各區域的範圍及各無形文資類項的屬性，規劃經費使用和期程控管。

——審查程序和研究修正——

根據文化部文化資產局《無形文化資產實務執行參考手冊》中「無形文化資產普查作業注意事項」，主管機關得邀請學者組成專案小組，協助辦理普查工作之審查、諮詢事宜。普查過程中由主辦機關聘用專業領域的審查委員，協助階段性檢視普查執行方向及提供諮詢意見。主辦機關也應針對審查作業的程序安排，邀集審查委員參與審查會議，讓審查委員和普查團隊有對話的空間，交流執行的方法策略及研究調查應修正之處，強化普查工作效益和最終成果品質。

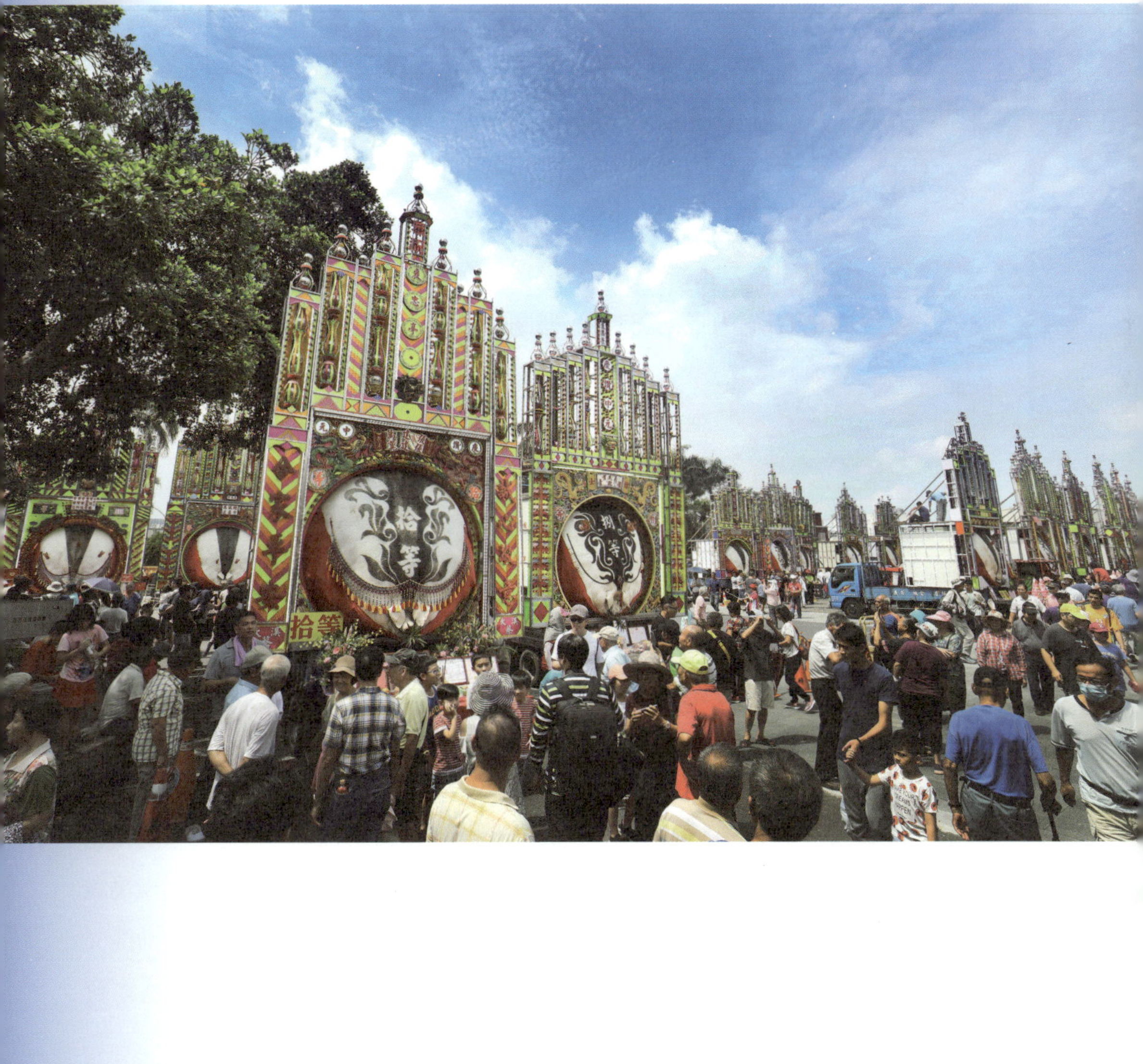
拾等
拾等

調查篇

文——鄭明承
民俗文化研究者

無形文化資產普查，乃是透過調查工作發掘在地具有長時間積累的文化脈絡及具體表現，調查的執行和進入田野後的紀錄方式，即是成就普查精神最重要的環節。普查團隊進行調查，透過口述訪談和攝錄影方式採集第一手資料，工作過程大致可分為「確定調查行程及訪談對象」、「確定訪綱」、「攜帶設備器材」、「田野調查執行」、「撰寫普查紀錄」。

無形文化資產普查：調查操作要項

——確定調查行程及訪談對象——

應在普查專案的期程內，擬定每趟調查項目及行程路線，以及就訪談對象的基本資料作查詢、初步建立背景資訊並進行電話或線上聯繫，在訪談前一週確定該普查對象接受訪談的意願，也利於普查行程提早確定。確認約訪對象意願後，接著研擬該趟普查行程，首要留意交通排程、事先評估住宿地點，建議預留提早到現場觀察、熟悉環境的時間。另外，調查人員應在出發前從文獻、網路資料等管道，事先掌握訪談對象團體基本資料，以利訪談執行。

確定調查行程及訪談對象　→　確定訪綱　→　攜帶設備器材　→　田野調查、執行　→　撰寫普查紀錄

無形文化資產普查調查工作程序示意圖。（作者繪製）

―― 確定訪綱 ――

　　製作訪問綱要目的，在於確保後續整理訪查結果，能有效率彙整至無形文資普查表，建議設定訪綱時，對訪談之個人或團體的歷史源流、技藝特徵等設計相關提問，或是事前查找資訊時，發現有年代或史事疑義之處，需要透過實際訪談加以確認，也是可列入訪綱的題目，作為後續撰寫普查表之素材。

―― 攜帶設備器材 ――

　　普查所需的相關設備器材，以能夠記錄該項文化樣貌的文字、影像、聲音為主，當然現今智慧型手機幾乎可涵蓋功能，但也建議另攜帶訪查必備紙本文件，如訪問大綱、普查表、個人資料同意書等，還有筆記本和筆、錄音筆、照相機、攝影機及腳架、閃光燈、記憶卡、隨身碟或地圖等各項調查紀錄工具，以備不時之需，也較方便將調查紀錄成果分流存檔、即時上傳。攜帶之器材也應考量充電或備用耗材，可確保普查工作過程之順利。

―― 田野調查執行 ――

　　進入田野紀錄祭儀活動或拜訪團體及受訪對象，首先必須向聯繫對象其說明專案的目的，也須留意遵守文化禮儀與禁忌。訪談內容由淺入深，先從整體發展概況詢問，再逐步聚焦細節。若過程遇到提及特定主題或名詞，而對方態度不願多做回應，適時轉換訪問方式或直接切換主題，以尊重對方想法及立場為原則。過程中耐心聆聽訪談對象的描述，避免逕自插話或打斷對方說明。訪查過程，以當地語言做相關記錄為主，普查團隊中協助翻譯的人員，需事先了解該普查標的相關指涉名詞用法（如對當地人名稱謂、祭典、技藝、材料或工法之指稱等），當下協助雙方翻譯、交流，後續記錄若有困難，應先錄音，再後續尋求其他管道印證，提升內容正確性。

　　普查文字記錄，就「人、事、時、地、物、數目、名稱」等重要單詞加強記述，後續可與受訪對象確認用字是否正確，強化普查表填寫內容正確性。建議初學者調查員可以按照時間紀錄事件、物件，是最為詳盡、確實的紀錄方式，可作為回來填表時的參考依據。若普查專案主要以聲音、影像為記錄方式，應更加留意拍攝技術和內容完整性，拍攝清晰、可辨識之影音成果，並徵得當地人士拍攝同意。

　　除了透過訪談記錄個案資訊，參與觀察文化行為更是重要的無形文資普查工作，普查團隊應事前掌握藝師施作或團體演出的時間，或祭典、儀式及節慶等活動現場的參加方式及觀察定點角度，安排調查時間及行程，作為當前個案的傳承現況紀錄。活動當下，避免貿然打斷儀式或演出的進行，不宜影響他人為主，現場與頭人（熟識

在地文史的人）或組織攀談，可先留下聯繫方式，另約完整訪談時間，先專心將現場觀察到的內容記錄下來，後續進行討論或深入研究。

———— 撰寫普查紀錄 ————

普查工作告一段落後，應妥善保存田野筆記、照片、影片、錄音檔等相關資料，即時整理分類、初步歸檔工作成果。建議在設定檔名時，標註命名訪談資料取得日期，以備後續填寫普查表時的資料作核對及查詢。普查期間，訪查個案時遭遇的問題，或是其他觀察事項，可撰寫普查工作檢核表，以供調整改進普查工作程序，或納入成果報告書提出研究建議。初步彙整上述資料後，應在普查完成後一週內填寫個案普查表，依據文化部文化資產局和各地方政府文化局官網提供最新版本的普查表，統整編排文字及圖片資料，設定填寫內容範例，計畫主持人也應隨時檢視普查表的回填狀況和撰稿情形。若有資料不足處，需請填表人員深化內容，或評估有無必要做補充訪談。

建檔篇

文—鄭明承
民俗文化研究者

　　無形文化資產普查執行告一段落後，即進入成果彙整的階段。此階段不僅是填寫普查表，也需列出實質的普查項目清單，並就普查成果進行綜述分析，評估該地具特殊性及文化價值之個案，提出具備文化資產登錄潛值者。由於主辦機關在計畫持續進行當中，透過審查機制追蹤團隊的專案執行進度，提點普查標案規格需求，故後續的成果建檔，則應先依照主辦機關、審查委員之意見，進行研究補強與修正。如遇因疫情或天災等不可抗力之因素，普查團隊應即時向主辦機關提出計畫展延，協調普查期程完成進度，讓研究能夠順利完成。

無形文化資產普查：建檔篇工作要項

──彙整普查成果及評估文資登錄價值──

　　普查團隊統整普查成果、編輯成果報告書，內容須包含普查區域之自然環境及人文條件、族群分佈及文化發展等描述，歸納盤點文化資源及調查項目，另就普查項目個案以普查表和影音紀錄呈現，最後就其中個案具有文化資產登錄潛力價值者，提出建議登錄或列冊的具體名單，針對普查過程所遇到的問題，和調查相關行政需求之建議，明確描述目前應對方式，讓審查委員、主辦機關未來在規劃普查專案時能夠留意和調整。

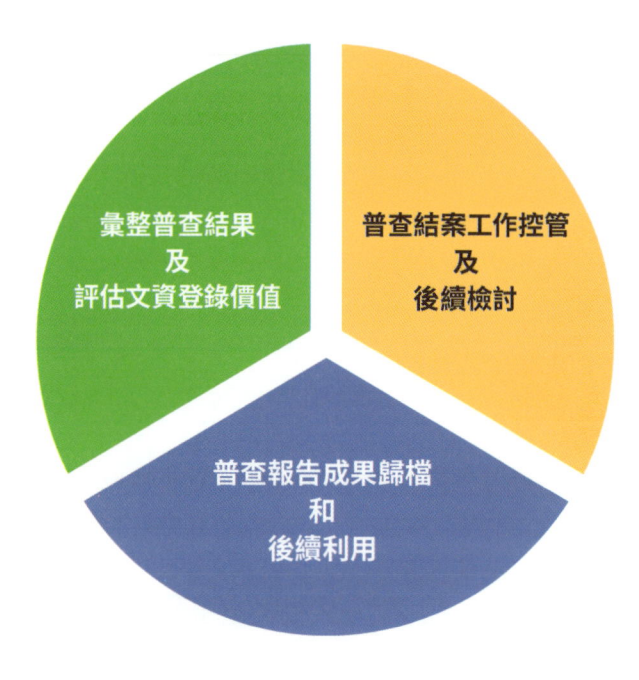

無形文化資產普查建檔工作程序示意圖。（作者繪製）

——普查結案工作控管及後續檢討——

　　普查專案結案前，計畫主持人需確認普查成果提交及報告書內容撰寫，符合標案規格或達成各項需求，普查表須體例一致，避免紀錄不全或文意混淆。經主辦機關及審查委員提出修正意見，另作修正報告後，方能結案。行政程序方面，計畫主持人需掌握工作經費使用情形，確實核撥調查人事費用或業務費用，準時於履約期限內提供成果給主辦機關，檢據完成核銷程序。結案完成後，普查團隊內部可另行召開檢討會議，交流本次普查專案執行的心得及經驗分享，提升團隊普查知能。

—— 普查報告成果歸檔和後續利用 ——

普查結案的成果報告書，應由主辦機關進行歸檔程序，斟酌內容公開適宜性提供後續公開或利用，以增加普查從業人員或對該地文化資源有興趣者加以利用於研究或閱覽。

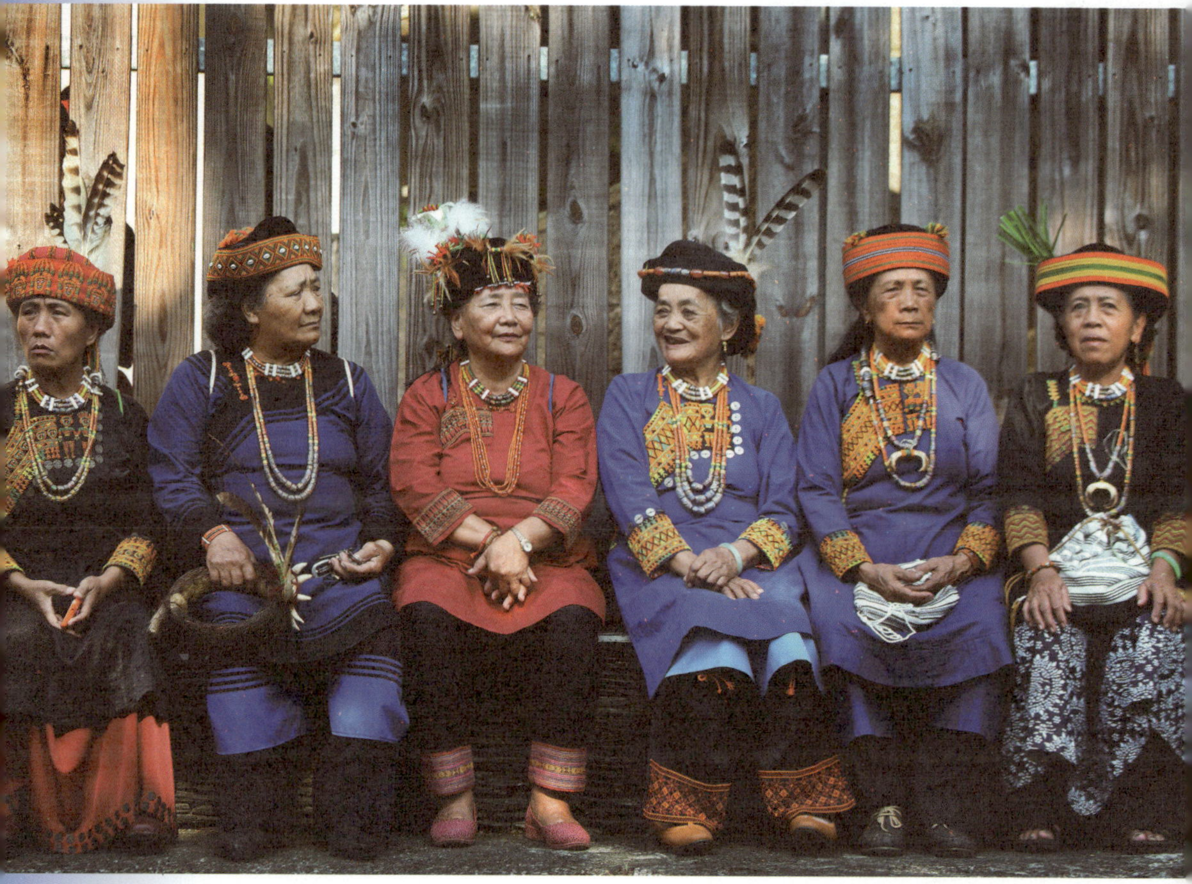

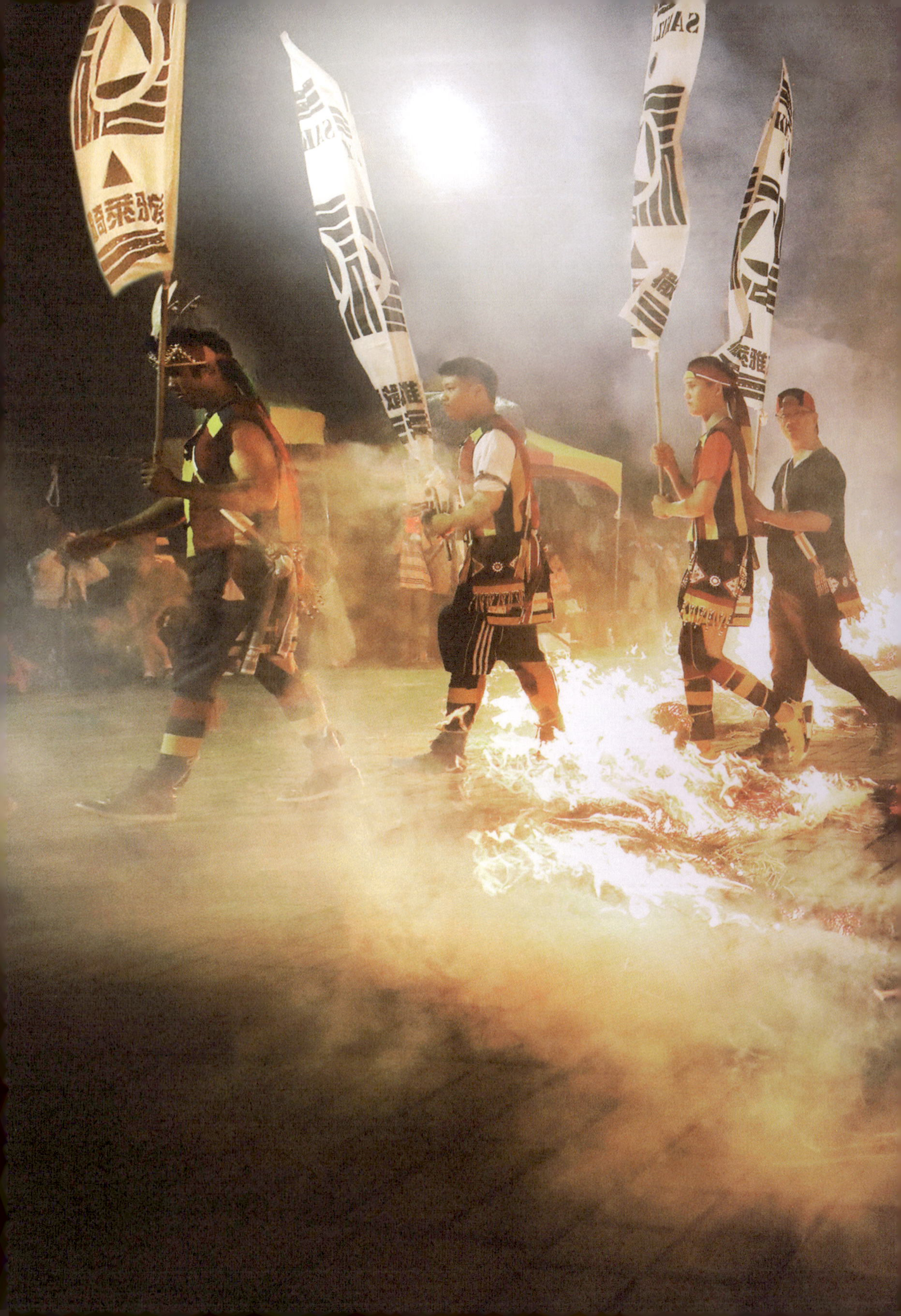

04

無形文化資產
專業攝影概論及方法

無形文化資產專業攝影概論及方法

文・圖――趙守彥
資深文化資產攝影專家

前言

　　無形文化資產攝影，屬於攝影範疇的「人文類」，主要拍攝「與人有關」的無形文化資產。使用器材建議以「相機」（須具備錄影及錄音功能）為主，附屬器材主要有腳架及補光燈。本文主要概述**「相機及鏡頭的主要參數功能」**及**「取景技巧」**。

一、相機及鏡頭的主要參數功能

　　一張完美的圖片或一段生動的影片，取決於相機（或錄影機）及鏡頭的參數設定、現場光影運用與取景的方式。而相機及鏡頭主要影響成像的方面有：光圈（F）、快門（T）、感光度（ISO）及鏡頭焦長。茲敘述主要參數及功能如下：

光圈（F）值：

　　光圈（F）為控制鏡頭進光量孔徑大小的裝置。F值有1.8、2.8、4、5.6、8、11、16、22等，數位器材在格與格之間，也會有其他數值設計。相關影響如下：

102　無形・有影：發掘無形文化資產 × 傳承珍貴在地記憶

小光圈
進光量愈少，
景深愈長，
成像較細緻。

f/22　　f/16　　f/11

大光圈
進光量愈多，
景深愈短。

f/4　　f/2.8　　f/1.8

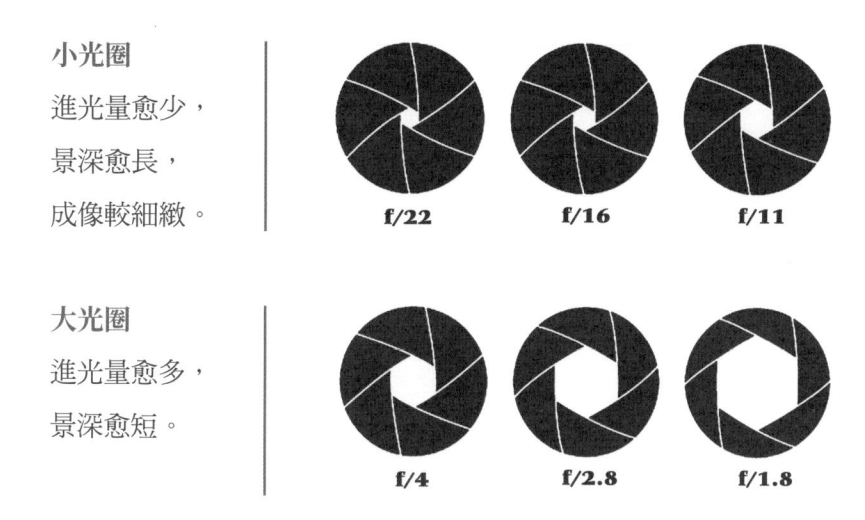

F值愈小：孔徑愈大，進光量也愈多，景深（以對焦為中心的影像清晰範圍）愈短。一般稱「大光圈」為F5.6以下，如F4、F2.8、F1.8。

F值愈大：孔徑愈小，進光量也愈少，景深愈長，成像愈細緻。一般稱「小光圈」為F8以上，如F11、F16、F22等。

如何選擇光圈大小？
　　光圈大小須與快門速度及ISO值搭配，視場景光源及攝影者想要表現的畫面而定。如果只要拍出清晰的影像，光圈可設定為F8或F11。

快門（T）值：

快門（T）為曝光的時間。T值有T、B、1、～1／8、1／15、1／30、1／60、～1／8000…等。數位器材在格與格之間，也會有其他數值設計。相關影響如下：

「T」快門：第一次按下快門鈕光圈開啟，第二次按下快門鈕光圈關閉，適用於長時間曝光。
「B」快門：按下快門鈕光圈開啟，鬆開快門鈕光圈關閉，適用於長時間曝光。
「1、2、4…」快門：快門開關秒數。
「1／125」快門：快門開關時間為125分之1秒（其他以此類推）。

如何選擇快門速度？

在手持穩定的情況拍攝靜態景物，以使用鏡頭的焦長為參考依據，如使用60mm鏡頭，則用1／60秒以上的快門，使用200mm鏡頭，則用1／200秒以上的快門。若因光源不足須用較低快門或錄影時，則須使用相機腳架，以維持其穩定度，亦或是放大光圈提高ISO，來提高快門速度，以避免影像模糊。若被攝物為動態時，則須視被攝物移動速度，適當提高速度。

此外，開啟相機及鏡頭的防震功能，亦能降低晃動程度。另外在拍攝追焦、拉焦、慢速動態、多重曝光等特殊手法時，除以腳架固定相機外，則以拍攝者判斷擇定快門速度來搭配，並無一定的標準。

感光度（ISO）值：

「ISO」為感光度（光的靈敏度），主要與相機感光元件有關。ISO值有100、200、～12800、25600…等。相關影響如下：

ISO值愈高：感光量愈高，成像顆粒（數位器材的噪點）愈大愈明顯。
ISO值愈低：感光量愈低，成像顆粒愈小，影像品質愈細緻。

如何選用ISO值？

在光源條件與光圈快門搭配的允許情況下，ISO值愈低愈好。光源不足及不使用補光設備的情況下，則須適時調高ISO。

高低階相機在相同ISO值下，成像品質差異頗大。而如何判定使用器材允許的最高ISO值；可使用腳架，在較暗的相同光源下，設定不同的ISO值拍攝同一景物，再洗出相片審視，判斷出自己可接受的最高ISO值。

鏡頭焦段：

鏡頭為控制曝光的主要孔道，鏡頭焦長會影響拍攝畫面的「視角」（廣度）及畫面的延伸、放大或壓縮感。鏡頭焦長通常有8－600mm以上。

標準鏡頭：焦長50mm。
鏡頭愈短：視角愈大，最大光圈值愈小，景深愈長，影像愈有誇張效果及延伸距離感，也愈容易變形。廣角鏡頭為焦長短於35mm，

在16mm以下稱超廣角鏡頭，更短可到魚眼鏡頭。

鏡頭愈長：視角愈小，最大光圈值愈大，景深愈短，愈有壓縮感。望遠鏡頭為焦長大於100mm，如200mm、400mm及600mm以上。

另外在一般的手機、傻瓜相機或類單眼相機中所稱的「光學變焦」及「數位變焦」，說明如下：「**光學變焦**」為數位器材透過光學原理，使之改變焦距長短，類似單眼相機用的變焦鏡頭原理。「**數位變焦**」為數位器材借由內部處理器，將影像放大，類似把相片裁切格放，成像品質較差。

拍攝文化資產較常使用的鏡頭

| 8-15 | 16-35 | 24-70 | 70-200 | 100-400 |

除上述參數調整外，相機的「畫素多寡」與「感光元件大小」，亦是影響成像品質的重要因素，這也是在成像品質上，手機與專業相機最大不同之處。說明如下：

「畫素」為一個畫面（顯示器），垂直線數與水平線數交叉形成的「格」，一格為一個「畫素」亦稱為「像素」。相同大小的畫面，「格」愈多畫素愈高，解析度愈高，成像品質愈細緻。「感光元件」目前大都由CMOS組成，主要是把光源藉由光電效應轉換成數位訊號。感光元件愈大，能蒐集到的光源資訊愈豐富，成像品質愈好。所以畫素愈高及感光元件愈大愈好。而在選擇上感光元件大小比畫素多寡更為重要，另外感光元件大小與價格成正比（甚至於成數倍比）。

二、取景技巧

　　除了上述器材的運用外，在紀錄影像過程中，如果能善用現場景物的搭配、光源運用及取景角度的安排，除可達影像紀錄的真實性外，還能強化主題特徵。茲將運用的技巧簡述如下：

仰角取景：
也就是器材以低角度（甚或置於地面）往上拍攝。搭配廣角鏡頭使用，可使畫面具有誇張效果，於戶外取景可以前方景物遮擋後方複雜背景，可得較乾淨的畫面（❶）。

光影運用：
順光時色彩較豐富，逆光時曝光條件設定較複雜，但拍攝出的影像較有層次感。強光產生的陰影，會有較特殊的畫面。直接面對強光時，若以主題或其他景物遮擋，會有邊緣光或剪影效果（❷）。

❶ 仰角取景（學甲上白礁暨刈香）。相機置於地上，並以仰角拍攝，使前方十二婆姐遮擋後方人群及器物，除凸顯主題外，並可得乾淨畫面。

❷ 光影運用（阿美族 Fakong 部落 ilisin）。以斜光產生的影子，表現出原住民勇士的肢體動作，使影像具有想像空間及藝術性。

融入在地場景：

也就是納入在地特色，如在地建築、生活面、自然景觀或是人文風情等，使影像更具在地味道。可將在地特色安排在前景或背景，亦或是與主題的互動關連上（❸）。

搭配前景及背景：

以前景及背景搭配主題呈現，除能呼應主題外，亦能強化環境說明及使畫面充滿前中後景的立體感，能使平淡的影像更聚焦於主題、豐富的層次及藝術性（❹）。

營造氣氛效果：

當場景出現煙、霧、雨時，適當的納入畫面，可呈現較有氣氛的效果，亦能利用來遮擋雜亂的場景，使主題更突出（❺）。

機會快門：

機會快門指恰巧的瞬間影像，只要不盲從瞎拍，善加觀察，很多行為是有跡可循的，適當的等待，配合快速連拍，即能取得不凡的影像（❻）。

其他：

取景並沒有標準，在構圖上一般所謂的黃金三分法、延伸法、對稱法、對角線法、框景法等，只能供參考，不應落入這些框架中，只要憑自己的想法及美感去表現出「你想拍什麼？表達什麼？」即可，如此才能創造出自己的風格。

❸ 融入在地場景（金包里慈護宮二媽回娘家）。以信眾為主野柳地質公園為輔，充分說明了媽祖回海蝕洞娘家的活動場景。

❹ 搭配前景及背景（竹圍福海宮飛輦轎過金火）。以虛化的神明為前景，更強化了過火的神聖性。

❺ 營造氣氛效果（嘉義東石副瀨富安宮迎王祭）。以鞭炮產生的濃煙來遮擋複雜的背景，並增強活動的氣氛。

❻ 機會快門（鼻頭角新興宮迓媽祖）。在事先瞭解活動流程後，等待最佳時機，利用連拍所得到的瞬間影像。

小結

　　除上述重點之外，亦應瞭解對焦點及對焦鎖定用法、檔案格式RAW與JPEG的差別、不同解析度（dpi）的用途，及簡易的影像後製處理（裁切、調整水平、明暗、對比、飽和度等）。攝影是一專門學問，在文化資產攝影方面，除在器材認識與運用的熟練外，在紀錄前事先研究與該民俗活動的相關資料，善加利用取景技巧與光影搭配，並時常練習，即能影藝精進。

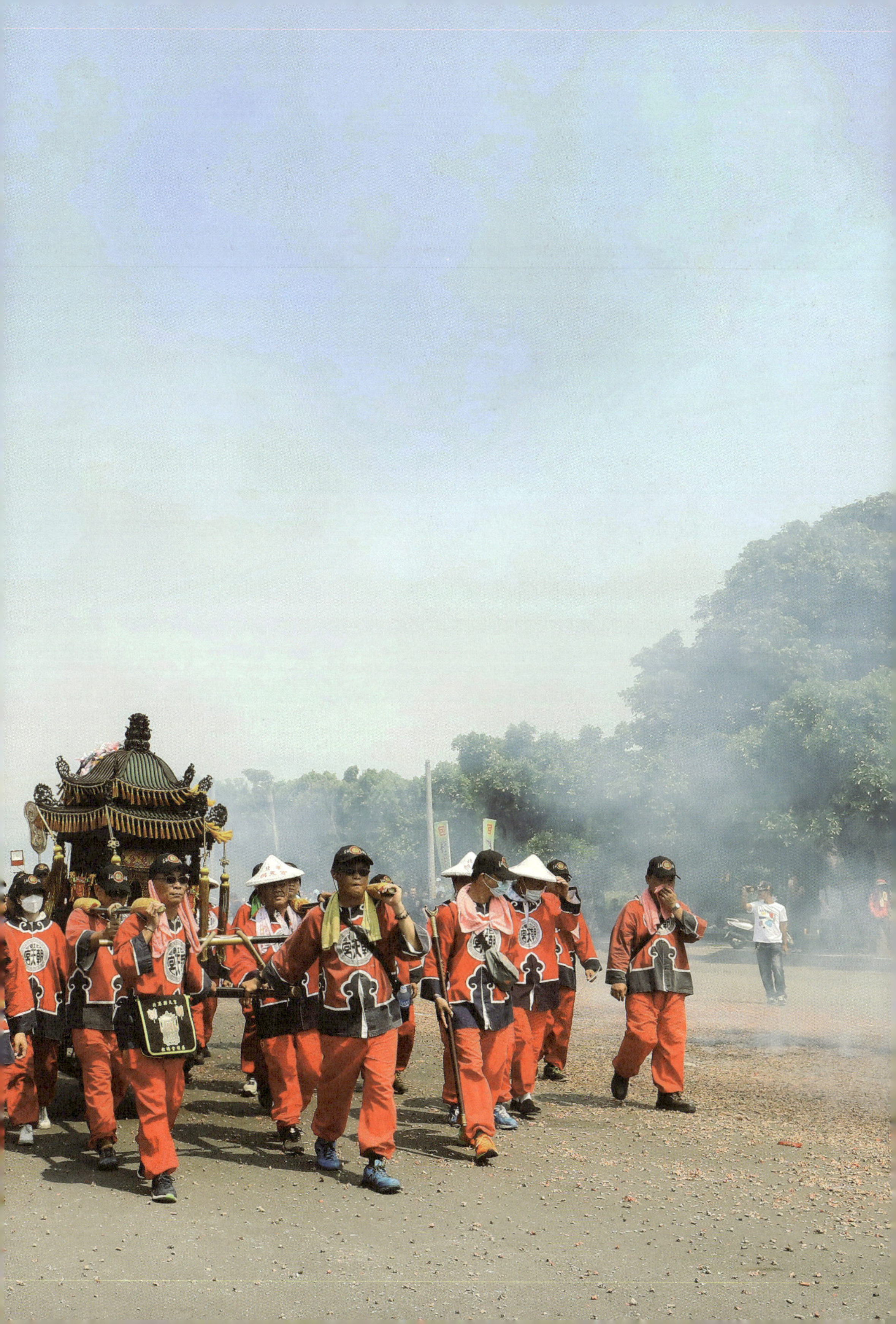

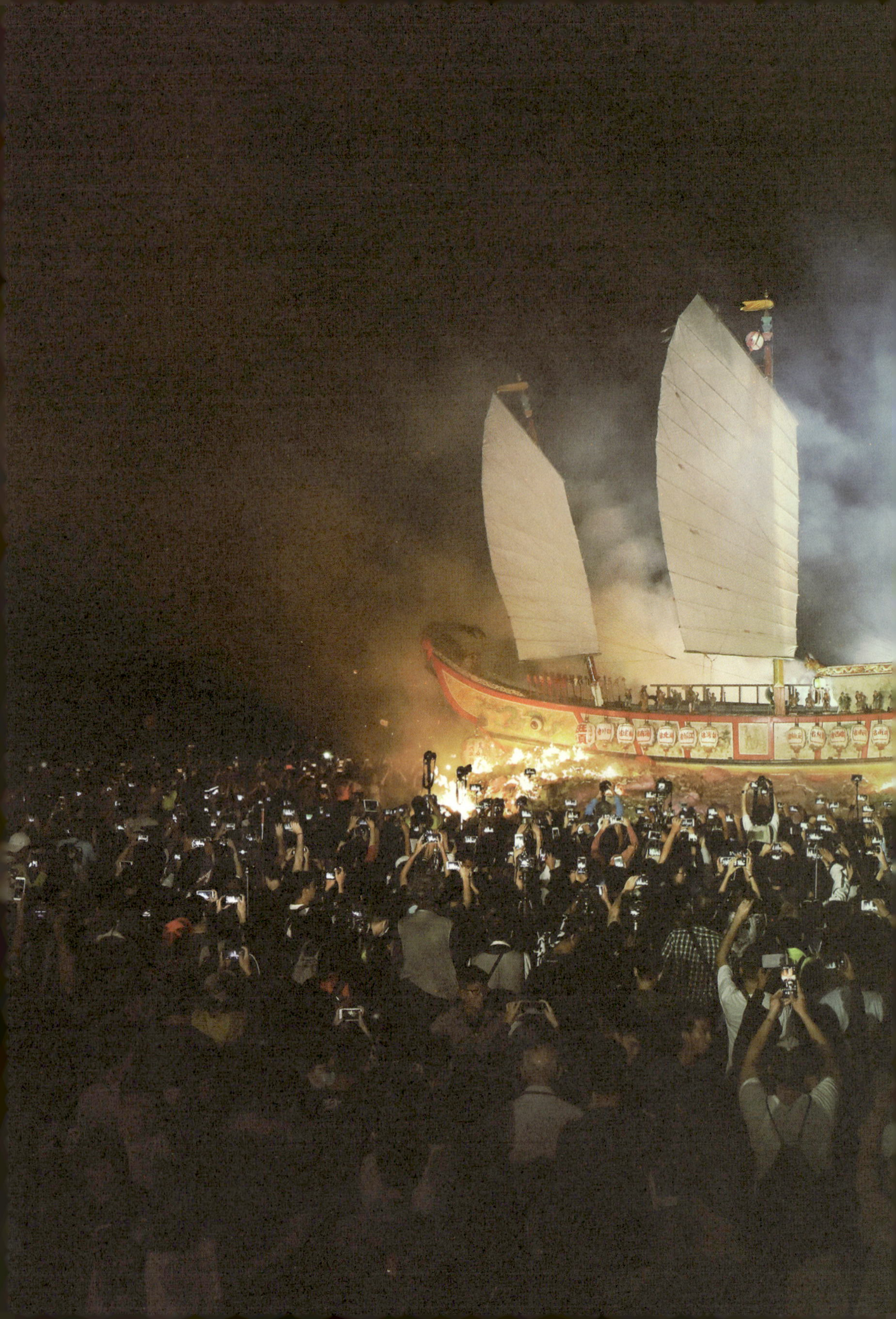

05

普查實戰演練篇

一、無形文化資產普查規劃示例——獅陣

文——鄭明承
民俗文化研究者

　　無形文化資產普查須因應不同項目做行前準備、調查工作、建檔內容，為能完整說明普查工作規劃，本篇將以臺灣民俗活動現場普遍可見的「獅陣」為例。「獅陣」可普查範疇遍佈全臺，且有豐富的歷史發展、多元族群分佈及各色師承流派，也是陣頭在參與各地民俗祭典、呈現工藝技術及傳藝演出上有不同特色表現，適合用於說明普查規劃細節。以下就「行前預備」、「調查執行」、「普查成果建檔」三步驟分別說明。

一、行前預備

——擬定訪查對象及篩選條件——

　　擬定訪查對象，可先從相關專門著作、網路資料查詢參考文獻，先掌握獅陣的源流和系統分類，以及查詢現有文化資產身份的獅陣保存者或團體，幫助了解目前獅陣在臺灣的發展，延伸搜尋如「傳統臺灣獅」、「醒獅」、「廣東獅」、「金獅團」、「客家獅」、「方口獅」等各類關鍵字；或從宮廟志書及民俗年例、文化展演活動的紀錄，掌握國內仍有在出陣演出的團體；另外在國內大型獅陣的競技賽或表演賽，也可從歷屆得獎名單中，找到適合納入調查的項目，初步歸納可作為調查個案的對象清單。

建立個案清單後,就普查主辦機關規範之調查區域,以及當地仍有定期出陣或演出者,篩選具體訪查對象清單。若為全國性的普查,包含臺灣本島及外島範圍,則須兼顧各縣市的訪查個案數量均衡,歸納分區並建立後續個案分類方式,也是初步建置普查項目編碼依據的初期工作。個案清單的建立,也應考量普查經費和調查成本進行篩選,規劃從普查團隊所在地出發調查區域的交通方式和人員開銷,再彙整實際可執行的調查項目清單,以符合普查專案進行之經費編列安排,提升普查執行之可行性和有效性。時間期程也應預留每趟普查行程準備和實際調查的時間,在足以完成行前準備、調查執行、歸檔紀錄的情況下完成。就獅陣為例,若為全國性的規劃普查條件而言,建議至少設定6至8個月實際調查時間,前後設定1至2個月內的起案和結案行政作業時間。

區域	區域範圍縣市
北區	臺北市、新北市、基隆市、桃園市、新竹縣、新竹市
中區	苗栗縣、臺中市、彰化縣、南投縣、雲林縣
南區	嘉義縣、嘉義市、臺南市、高雄市、屏東縣
東區外島	宜蘭縣、花蓮縣、臺東縣、金門縣、澎湖縣、連江縣

國內獅陣普查預估各縣市分區示例(作者製表)

──安排各區域小範圍普查行程──

　　歸納全國獅陣普查項目清單後，因普查專案時間有限，必須策略性地規劃普查範圍、每趟調查行程的路線及人員安排。建議將同縣市、同鄉鎮的團體，安排在同一趟行程，若人力充足，可同時段分頭進行同區域不同對象團體的訪查或參與觀察。另外，以全國性的普查而言，可配置各分區縣市主要負責的調查人員，或聘請在地居住、具備調查能力之人員協助普查工作，以節省團隊交通往返時間。若團隊皆居住外地縣市，或是找不到適合的當地協助人員，在普查安排上，須留意不宜單組調查人員接續橫跨多個縣市、多於三天以上的行程，即使負責同一區域的調查，也應預留普查結束後彙

時間	區域	縣市	普查項目	預計普查成員
04.18	北	新北	宋坤醒獅團、五股振鑫社北京獅	成員A、成員B
04.25-04.27	南	嘉義 台南	中埔客家獅鼓團、後壁下茄苳義和堂、菁寮金獅陣、白河頂秀祐龍鳳獅陣	成員E、成員F
05.02-05.04	北	新竹	新埔四座麒麟陣、芎林鄭家金獅陣、新竹客家舞獅、東區青草湖金獅陣、香山聯豐龍獅團	成員A、成員B
05.09	南	嘉義	內埔龍英堂獅陣、白杞德義堂	成員E、成員F
05.16-05.18	外島	金門	後埔北門境舞獅隊(列嶼東林醒獅團)	成員G、成員H
05.30-06.01	北	桃園	龍潭勤習堂、龍潭武德堂獅陣、龍潭新毅群龍獅團、平鎮安平鎮獅鼓隊	成員A、成員B
06.03-06.06	中	雲林 嘉義	斗南石龜溪鳳山館、大埤田尾義和堂、虎尾下南庄金獅陣、新吉里金獅陣、溪口南靖厝德義堂、上崙玉麟金獅陣	成員C、成員D

範例：國內獅陣普查各區域調查期程及人員規劃表（作者製表）

整資料成果的時間，再出發前往下一趟普查行程，會是較好的規劃安排。一方面是避免人員舟車勞頓、影響訪查工作狀態；另一方面，則是讓階段性成果能定期彙整產出，若徒增訪查行程而積累過多尚未整理的記錄資料，不利於後續整理資料正確性和建檔完成度。

──選定訪談日期、聯繫與團體約訪時間──

初步擬定訪談區域和對象後，可著手進行訪談對象聯繫。應以預計出發的前一到兩週做聯繫確認和預約訪談時間，在通話時先行自介、說明計畫及訪談目的、簡述訪談當天流程及內容，透過初次聯繫也可先行了解該獅陣項目的活動情況。若對方的時間完全無法配合，則需尊重對方意願，評估此趟行程先洽詢其他普查對象，另將其規劃至其他月份、鄰近區域的調查行程來做相關安排。也應留意訪談時間盡量避開該獅陣參與大型民俗活動或演出行程，以預定完整訪談時間為宜，出陣日及演出期間則是可派員前往參與觀察和拍攝紀錄。行程出發前，也應留意對方是否有約訪時間臨時易動，若有更動時間，普查團隊應即時聯繫、確認，更新人員行程。建議普查團隊成員使用雲端文件共編或其他方式，即時填寫更新，讓計畫主持人及成員皆能即時掌握行程。

行程表的呈現，建議納入「普查對象項目名稱（盡量記錄訪查對象團體的完整名稱或傳統用詞）」、「普查人員」、「時間」、「地區」、「目前個案發展狀態」等格式欄位，作為基本建檔。若有行程安排和約訪上的問題，也應及時反應讓計畫主持人了解、評估解決方式，讓普查工作的協調和行前準備順利進行。

行前熟讀獅陣團體相關背景資料

前往當地普查前，廣泛搜尋該獅陣團體的相關資料，藉由文獻、研究著作、媒體報導或受訪團體自行印製的簡介或網站專頁等，對該團體的獅陣類型、特色儀式、出陣規模、獅陣相關工藝或物件（如獅頭製作、獅旗或獅鼓的保存狀態），或長年參與的民俗出陣及藝文演出等、或得獎經歷、周邊合作等，從普查表中應填具的欄位，確立基礎資料，訪談或參與觀察時，可直接就先期資料進一步延伸詢問或細部觀察記錄。例如從文獻可知，某些獅陣團體為庄頭大廟遶境或進香主要駕前陣頭，訪談可記錄目前的發展，若在活動期間則可觀察陣頭經營情形和實體演示現況，作出與文獻紀錄和普查紀錄的相互映證，納入調查報告。

行前文件和當地交通住宿確認

除調查工作事前規劃，行前備妥普查文件和預訂交通票券或住宿，應盡快於行程確定後預訂。訪談同意書、田野筆記表格、普查表等也需提前印製備齊。以獅陣而言，普查表可同時準備傳統表演藝術、傳統工藝、民俗三類表單，從不同類別普查表欄位搭配擬定訪綱，深入詢問該項目各種面向的文化表現，而訪查同意書則是因後續撰寫研究調查報告時取得第一手資料也須留意相關授權之研究倫理。

右表為「普查行程表範例」。在「相關資訊」欄位，建議註明行程相關資訊（店家名稱、地址、接洽窗口及電話）以及負責人員，以利計畫主持人及專任助理確認行程；在「時間規劃及交通」方面，行前須綜合考量各普查點間的移動、預留交通時間及交通工具，盡早預定車票，並將相關資訊統整在行程表中，以便精確掌控調查移動時間；在「住宿」方面，依照預計普查的地域，以鄰近、方便為考量安排適宜夜宿地點。

9/15-17 調查行程　　普查人員：王大熊、陳小白　　　　　　　範例：獅陣普查行程表規劃

日期	時間	行程	相關資訊
9/15	10:30-12:00	XX市－XX縣 高鐵	
	12:35-13:00	XX站－XX站 臺鐵 自強號	中途用餐
	13:30-15:30	普查：XX獅陣文化協會	接洽窗口｜地址｜電話
	15:40-16:00	往獅陣所在地	約20分鐘車程
	16:00-18:00	普查：XX龍獅團會館	接洽窗口｜地址｜電話
	18:30	宿：文資商旅	地址｜電話
9/16	09:00-09:30	租機車	租車行｜地址｜電話
	09:30-10:00	往獅陣訪談所在地	約30分鐘車程
	10:00-12:00	普查：XX金獅陣	接洽窗口｜地址｜電話
	12:00-13:00	用餐	
	13:00-13:20	往獅陣所在地	約20分鐘車程
	13:30-15:30	普查：XX宋江獅陣	接洽窗口｜地址｜電話
	15:30-18:00	田調：XX民俗-藝陣演出	XX宮｜地址｜電話
	18:30	宿：文資商旅	地址｜電話
9/17	09:00-10:00	往獅陣所在地	約20分鐘車程
	10:00-12:00	普查：XX宋江獅陣	接洽窗口｜地址｜電話
	12:00-13:30	用餐	
	13:30-14:30	歸還機車	租車行｜地址｜電話
	14:50-15:35	XX站－XX站 臺鐵 自強號	
	16:00	XX縣－XX市 高鐵	

──備妥攝影、錄音等相關器材設備──

　　普查需採集獅陣團體相關的訪談文字和圖像，相關器材如筆記本、筆記型電腦、照相機、攝影機、錄音筆及相關周邊設備（記憶卡、隨身碟、充電器）等，皆為普查工作可活用之器材，個人智慧型手機雖也可做為輔助紀錄，惟需留意與工作資料的區別歸檔，考量資訊安全應盡量避免使用手機。上述器材，行前須再三確認是否能正常使用，尤其拍攝獅陣的演出和動態，視情況可另備多項器材，在不同角度安排拍攝定點做紀錄。

──普查事前工作分配和人員配置──

　　據實際經驗，一趟普查行程建議至少安排兩位普查人員，相互支援兼顧文字紀錄和影音記錄，應事前共同準備訪談綱要及相關資料文件，訪談過程應保持禮貌、服儀適當，可預先分工不同面向的提問暨拍攝內容，再後續彙整相關調查紀錄。

二、調查執行

──與訪談對象碰面之禮儀、初步相互介紹──

　　調查行程當天，應準時抵達訪查地點，抵達時先以電話聯繫受訪者，確認地點及訪談對象是否已到現場。碰面後，普查團隊應主動自我介紹、提供名片說明身分及來意，以及說明流程進行，預先掌握對方當天狀況後，即可開始訪談調查。訪查授權同意書可先提

供簽署，或視狀況於談後提供，確保對方知悉訪談內容的後續研究使用、同意授權。以獅陣調查為例，有時受訪者除了團體代表，也會有眾多獅團成員或由訪談對象邀約的在地耆老、和獅陣發展相關之地方人士，應注意收集對象的相互關係、所屬組織職位或頭銜，作為普查背景資訊加以紀錄，後續若有其他想詳加了解的內容，也可記下這些在地人士的聯絡方式來後續聯繫。

——撰寫田野筆記並以文字記錄——

訪談前準備的普查表，依照主辦機關要求之無形文資普查類別作使用，並擇定項目屬性，使用預先設定的訪談大綱進行提問，如獅陣兼有傳統表演藝術、傳統工藝、民俗的文化表現，經由相關類別的普查表欄位著重紀錄面向提問，以利詳盡紀錄該獅陣發展的文化表現和目前傳承情形。訪談過程可使用田野筆記表，先初步且草擬紀錄受訪對象團體的口述內容，後續再據此加以彙整、填寫整理普查表，若以電腦打字紀錄者，也可做成訪談筆記電子檔，後續加以整理成普查表電子檔。另外，訪問獅陣團體可能遇到對方以各式方言說明歷史發展或特色，若有不明白的詞彙或指稱說法，建議可先用自己可理解的判讀方法和發音作紀錄，並當下立即向對方詢問清楚該詞彙指涉的意義，請受訪者說明其意涵，避免事後因詞不達意，導致紀錄有誤、混淆判讀的情況。

——徵攝錄影音同意拍攝相關物件及人像——

調查過程不僅文字的紀錄，可徵得同意後拍攝田調現場的空間

環境，如獅團會館或廟宇空間等練習或集會場所；也可拍攝獅陣出陣用的物件、獅頭及兵器等，或是獅團祀神、歷史照片或資料圖冊等實體，以及當天訪談成員合影，作為圖像方面的紀錄。若對方願意當下演示舞獅動作，也可進行攝錄動態影片來做相關紀錄。若對方不願提供拍攝，可先說明拍攝原因嘗試溝通，以尊重對方意願為主，尤其拍攝人像照片或影片牽涉到肖像權，需謹慎處理存檔。

──完成訪查及參與觀察並留存聯絡資訊──

訪談或參與訪問對象的演示或出陣活動結束後，須以禮貌態度向對方再次確認相關聯絡資訊，以利後續針對成果建檔、填寫普查表過程發現有疑問處，能再做詢問確認及聯繫。結束前，也務必確認訪查同意書等相關簽署，連同文字紀錄及圖像拍攝檔案一起帶回。

獅陣普查工作情形。（林承緯提供）

⬆ 訪查本淵寮朝興宮金獅陣情形。(何以文提供)
⬇ 訪談北港老塗獅白鶴獅陣及參觀文物館。(林承緯提供)

無形文化資產普查規劃示例——獅陣 125

三、普查成果建檔

——訪查對象聯絡資訊更新建檔——

結束該趟普查行程後，以獅陣而言，應確認當時訪查對象提供的正確獅陣名稱，以及現任代表人或重要成員的稱謂／職稱、姓名及基本聯絡資訊等，建檔於普查團隊完成訪查的列表清冊中，方便在普查工作完成後，留有正確聯繫資訊。

——撰寫普查表內容——

建議於該趟訪查行程結束後一週，將帶回的田野筆記或當時取得其他的文獻，或相關錄音檔及照片、影片等記錄，整理成完整文字敘述內容，填入普查表。梳理獅陣團體的歷史源流、描述動作特徵或技藝特色時，遇到特殊名詞或方言用語如有疑慮，可透過錄音檔確認讀音唸法再作查詢、核對。如果仍然有不解之處或遺忘正確讀法，可致電向受訪者詢問確認。針對普查表的欄位，盡可能將訪談內容如實且中性描述，若受訪對象較口語化的傳達轉為書面語時，切勿加入個人觀點或立場，也避免過度曲解原意。

——整理普查過程的問題與建議——

普查工作執行，除了紀錄調查內容本身，建議針對普查過程遇到的問題、困難或建議紀錄下來，例如獅陣的分類方式待釐清、方言說法、訪談獅陣內容與文獻資料有出入等各種遇到的狀況，彙整

集結納入調查報告中,也可成為後續調整調查方法、提供主辦機關及審查委員檢視調查執行成效的依據。

——完成普查研究報告書並提交主辦機關——

待個案普查表和調查研究報告書編排完成後,向主辦機關進行結案程序,提交成果報告書。

項目名稱		編號	
訪查對象/團體		訪查時間	
訪查地點		文資類別	
1. 事前規劃問題檢核紀錄			
2. 採訪過程問題檢核紀錄			
3. 彙整普查表及訪查資料待檢核處			
4. 整體工作檢核、建議與改進措施			

獅陣普查工作檢核表示例(作者製表)

二、無形文資普查案例 — 獅陣

文 —— 鄭明承
民俗文化研究者

基隆長興呂師父龍獅團醒獅展演。(鄭明承攝)

一、基隆：長興呂師父龍獅團   傳統表演藝術

　　基隆長興呂師父龍獅團，最初由呂美吉的父親於1958年左右創立，延續中國原鄉「長興堂武館」名號，找來同為粵籍人士的陳秀源擔任館主與總教練，以武館型態經營，傳授白鶴拳與臺灣獅為主。1978年加入基隆藝宣廣東大隊，協助基隆兩廣旅臺醒獅團之表演，並研擬醒獅的操演步法與技巧，至此之後便開始以廣東醒獅作為主要展演的項目，後來長興堂也被列入廣東大隊之第二中隊。長興堂以關聖帝君與達摩祖師為崇祀對象，分別以農曆6月24日、10月5日為祝壽祭典日，此外亦要求團員農曆初一、十五進行團拜，另有於館外「拜山」儀式，以表知恩報本。

現任團長呂美吉，人稱「呂師父」，傳習南少林白鶴拳，功夫深厚，是為國家級散打選手，取得國家級武術教練證照後，積極傳承武術功夫，曾赴美國南加州、韓國首爾釜山等地教學，在國內亦在眾多學校傳授技藝，如海洋大學、基隆海事、光榮家商、成功國小、松山玉成國小等。

　　在梅花樁上靈巧飛躍的醒獅，隨著鼓聲跳動，利用鼓樂的變化引導出獅子的一系列動作，正是醒獅的靈魂所在。長興呂師父龍獅團承襲自廣東老師傅之獅陣腳步，為正統粵獅傳衍團體，深具廣府舞獅的特色。以傳統為根基稍作改良，其展演套路有：獅子出洞、獅子鬥螃蟹（螃蟹青）、毒蛇攔路（蛇青）、醉獅（酒青）、登高採青等。曾多次在世界賽事上蟬聯冠軍，多次獲得各比賽中「獅王」寶座，讓「基隆長興呂師父龍獅團」打響名號，聲譽日隆。

(上) 武館內的兵器。
(下) 武館內的祀神關聖帝君。（鄭明承攝）

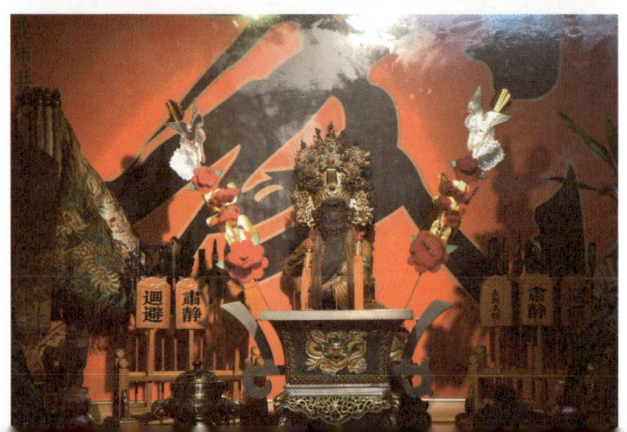

除了傳統的動作和具文化象徵意涵的步伐，長興呂師父龍獅團也因應演出所需，經常開發新穎創意的舞獅套路，如2019年演出加入經典故事美猴王擊敗牛魔王取金箍棒的戲齣，當時於高雄獅王大賽中獲得「獅王」寶座。近幾十年來醒獅文化在國際間的發揚，已將早期帶有負面形象的獅陣印象，翻轉為具教育意義的傳統技藝，獅團的年輕學子更是為醒獅文化注入新血。團隊也以此持續發揚傳承，讓醒獅持續在臺灣有所傳承及創新發展。

(上) 跳樁訓練。（鄭明承攝）
(下) 未出陣時，團員於訓練場演練。（鄭明承攝）

自立金獅團鎮館之寶。(鄭明承攝)

二、新北：獅頭製作——許建福藝師

傳統工藝

　　走入會館空間，即可看見輝煌大氣的巨型獅頭，牆面也陳列了各式各樣由許建福藝師歷來製作的獅頭作品。許建福藝師是三重自立金獅團的創辦人，2019年登錄為新北市無形文化資產傳統工藝類「泥塑紙糊獅頭製作」保存者。目前與其子許育銓共同傳承獅頭工藝。

許建福藝師年輕時因熱衷陣頭文化，尤其對舞獅演藝有高度的熱情。16歲時正式加入三重自強金獅團拜師學習，師承王樹林與王清雄師傅的舞獅技術，同時也觀摩王清雄師傅糊製獅頭的工藝，自習學成後，許建福藝師累積一身舞獅技藝與紙糊獅頭的製作知識。

　　1979年許藝師從軍中退伍後，便與友人成立自立金獅團，且不忘根本，延續奉祀自強金獅團達摩祖師之三祖於會館中，作為獅團的共同信仰核心。因對於舞獅的熱誠與傳承理想，在經營獅團的歲月裡，細心經營並用嚴謹的態度指導新血，使得自立金獅團逐漸聲名遠播、穩健發展，在諸多廟會場合進行舞獅展演。於1999年，自立金獅團20週年慶典之後，經營上逐步從出陣形式朝向以獅頭製作的技術傳承為主，並延續至今。

⊕ 自立玄安金獅團。（葉峻瑀攝）
⊖ 自立玄安金獅團踩街遶境。（葉峻瑀攝）
⊕ 自立玄安金獅團於傳藝中心演出。（趙守彥攝）
⊖ 自立玄安金獅團出陣。（趙守彥攝）

許建福師傅以傳統手工糊製獅頭已有四十年的經歷，因自身的細心與求新求變的精神，以傳統版型作為基礎，再加以局部改良，且追求紋樣的精緻呈現，彰顯傳統工藝的美感，力求創造高度藝術價值。近年來因市場需求，製作取向開始朝向收藏品或獅藝禮品型態，袖珍版的精緻獅頭受到各界人士的喜愛。

　　許建福藝師與其子許育銓皆表露自身對獅頭工藝肩負保存和傳承之使命，不只獅團本身的經營，他們也參與了各地學校或團體邀請擔任工作坊講師，近來也參與教育部「藝師藝有」計畫，帶領小學生在課堂從獅頭原料、製作步驟一步步完成自己的獅頭作品，讓獅頭工藝的內涵更加為大眾所了解、認識，達到推廣之效。

⊕ 許建福藝師早年虎頭製作工藝。（鄭明承翻攝）
⊝ 現存放於會館的獅頭工藝作品。（鄭明承攝）
⊕ 許藝師製作獅頭情形。（鄭明承攝）
⊝ 許建福藝師與其子許育銓製作獅頭情形。（鄭明承攝）

無形文化資產普查案例──獅陣　133

張健銨藝師與自製獅頭。(李承峻提供)

三、新竹：新竹縣客家武獅文化協會

傳統表演藝術

「新竹縣客家武獅文化協會」為芎林鄉下山村張氏家族所成立的獅團團體，成立時間大約於1945年，最早名稱為「清河堂國術團」。當時正值臺灣光復初期，因時勢混亂導致地方治安不佳、盜匪、亂民四竄，張家五兄弟的長兄張澄水，認為家族需有武力才可保護家園，因此邀請鄭屋鄭述喜師傅(人稱「阿善師」)前來指導傳授獅藝及武術(客家流民拳)，拳路部分以硬拳為主，類似詠春拳的一種拳式，目的為保衛家族，也可強身健體，延年益壽。

1967年後,工商業逐漸發達,張家子孫紛紛至外地從事各項工作,獅陣活動因此被迫中斷。2003年,客家電視台於芎林地區尋找採訪主題,原欲紀錄在地的社區歌唱班,現任團長張健銨當時亦為成員之一,在友人慫恿之下,張健銨將張家的傳家寶再度亮相,召集家族中尚會舞弄客家獅的親友,在電視台的節目中再次復出,並出演許久未見的全棚獅,完整的獅陣套路與精彩的演出獲得滿堂彩,也促使張家獅團重出江湖。

　　2007年為了促進獅團的發展與傳承,成立「下山社區客家武獅發展協會」。在2009年時,另自主成立「新竹縣客家武獅文化協會」,並且由臺南藝術大學的曾吉賢教授率領社區影像紀錄培力團隊,在當時歷經兩年的拍攝,將武獅團的點點滴滴都拍進《打獅—下山紀事》紀錄片中,並於2011年1月27日上午在新竹縣縣史館發表。

於會館陳列之感謝狀與獎狀。(李承峻提供)　　新竹縣客家武獅文化協會全體合照。(張家斌提供)

當時獅團復出後，主要以團長張健錂指導客家獅舞獅技法，而其他資深團員則在旁輔導教學。普查過程中，可感受到張家子弟團員以獅團為核心高度的凝聚力和對傳統文化的認同。除指導獅藝外，張健錂師傅亦有從事獅頭製作，並曾舉辦獅頭製作的體驗活動。2010年，獅團以「新竹縣客家武獅文化協會」名義登錄為「傳統表演藝術──雜技類保存者」。2019年，因張健錂藝師精湛的客家獅頭製作工藝，再次受到認同進而被登錄為「客家獅頭製作」文化資產保存技術保存者。

近年來獅團在張健錂師父的帶領下，持續傳承其舞獅、武術套路及獅頭製作工藝，家族中的許多新生代也積極參與獅團運作，並持續向外推廣，希冀在眾人的努力之下，能夠將客家獅的文化延續下去。

陳列於會館中的客家方口獅頭。（李承峻提供）

2023年新竹縣客家武獅文化協會於總統府前國慶演出現場。(鄭明承攝)

臺中外埔水美里義虎團於大甲鎮瀾宮廟埕前演出。（伍浚銘提供）

四、臺中：外埔水美義虎團　　民俗

　　臺中外埔水美里義虎團源於大甲五十三庄傳統陣頭，為目前臺灣地區少見「弄虎不弄獅」的舞虎特色陣頭。係由蔡銼先生於1930年代於大甲番仔寮地區所成立，至今已逾百年。自1947年起開始參與大甲鎮瀾宮進香活動，至今從未間斷。義虎團至今共有三大支系，分別為大甲番仔寮義虎團、外埔六分義虎團、外埔水美里義虎團。

　　義虎團祀奉齊天大聖先師、太祖賢明先師與白鶴老祖，武術拳路主要以太祖拳、鶴拳及猴拳為主。兵器的部分，義虎團特有之雙

138　無形・有影：發掘無形文化資產 × 傳承珍貴在地記憶

手刀（戚家刀／苗刀），外型與日本武士刀接近，相傳為明末清初於中國東南沿海戚家軍傳承之兵器與刀法，之後隨蔡鍖先生傳授至臺灣。

外埔水美里義虎團弄虎的步法，弄虎的角度是45度、90度、180度三種角度去變換，步法講究。最大特色就是出陣有土地公、土地婆，因為虎是凶猛的神獸，舞虎時有神明看顧制約、避免傷人之意。也因土地公、虎爺有神格，出巡時會有類似神明出巡用之涼傘「大虎傘」、「小虎傘」給土地公乘涼，所以義虎團有太極虎傘合虎記的武術套路，沉穩威猛、動靜分明。

關於進廟參拜的禮儀，最著名的就是進廟八關，八關分別為：探關虎、猛虎出閘（虎踏四門、虎爺洗身）、翻砂洗身、虎踏七星、太極虎傘合虎記、大刀馴虎、福德五虎陣五路進財等。

義虎團的虎傘開花招式。(伍浚銘提供)

義虎團於2022年傳藝中心演出情形。（趙守彥攝） 　　舞虎時以土地公來看顧演出，避免傷人。（趙守彥攝）

　　義虎團從第一代蔡銼老師傅傳承至今已到第六代，現任團長伍炳崑是義虎團現存的第四代老師傅之一，近幾年已經將團內事務逐漸交由第五代弟子進行管理，於2024年成立「台灣義虎團舞虎技藝暨傳統國術推廣協會」，以期能將此將臺灣本土文化持續傳承下去。

臺中外埔水美里義虎團於南鯤鯓代天府廟埕前演出。（伍浚銘提供）

◀ 老塗獅白鶴獅陣於朝天宮前表演。（林承緯攝）

五、雲林：北港老塗獅白鶴獅陣　　傳統表演藝術

　　北港老塗獅白鶴獅陣的武館中，設有滿滿牆面的發展大事記及歷來紀錄，以及陳列豐富的展示空間，甫進入即可感受到老塗獅六十餘年來在傳習北港獅陣文化上的用心。

　　北港老塗獅的創辦人黃清塗(1929—2014)為武術家與中醫家，地方尊稱「老塗獅」，武術派流師承北港勤習堂陳水來老師父，24歲於北港鎮大同路開設「北港勤習堂鳳陽國術舘」，閒暇之餘於教授武術、氣功。1960年黃清塗先生集合自家武術班底成員，正式成立獅陣，參與北港朝天宮迎媽祖聖誕遶境。

無形文化資產普查案例——獅陣　141

老塗獅館內陳列獅頭。(鄭明承攝)

老塗獅創辦人黃清塗。(鄭明承翻攝)

老塗獅的獅頭。(趙守彥攝)

老塗獅白鶴獅陣於2022年傳藝中心演出情形。(趙守彥攝)

老塗獅的獅頭，黃清塗先以泥塑輪廓再以傳統糊紙工法脫胎而成；深邃的輪廓與獅頭上裝飾兔毛大耳朵有別於傳統臺灣獅的獨特之處，武舘有開口與閤口的獅頭，每次出陣具極高辨識度，現任團長黃厚銘（黃清塗之子）對獅頭的製作技藝持續傳承，2023年由雲林縣政府登錄「白鶴獅製作技術保存及保存者」，實踐此項北港重要的在地工藝表現。除此之外，大小白鶴的裝備及獅鬼的演出用具都是自家製作，目前武舘仍保留著1960年代至今的歷代獅頭，讓自家團員和外來訪客可欣賞和認識。

白鶴獅陣除了參與北港地方民俗活動、迎媽祖遶境，獅與鶴形成獨樹一格的演出陣勢，也受邀各地參與遶境或文化場所的表演。老塗獅白鶴獅陣也在2019年以「雲林縣老塗獅陣文化發展協會」登錄為雲林縣傳統表演藝術之保存者。現在的老塗獅，保留創辦人六十多年來的基本傳統臺灣獅陣法，加入新一代的創意，傳承至今不曾有過斷層，老、中、青三代皆用心維護老塗獅白鶴獅陣的傳統陣頭樣貌。

北港迎媽祖老塗獅白鶴獅陣出陣情形。(鄭明承攝)

2023年國慶表演的老塗獅白鶴獅陣。(鄭明承攝)

無形文化資產普查案例──獅陣　143

◀ 2023年本淵寮朝興宮金獅陣於中正紀念堂演出。（鄭明承提供）

六、臺南：本淵寮朝興宮金獅陣　　民俗

　　本淵寮朝興宮金獅陣於1920年成立，傳承至今已逾百年。當時因地處偏遠，生活不易，庄民為了保衛家園，因此決議成立鄉勇團體，即是「金獅陣」，學習武術及舞獅，平時可保衛家園，在農閒時則可以護駕庄內神祇慶典出巡。

　　創立之初邀請管寮村的陳共、陳元德（頭師）、郭憨朝、郭羅漢等人來此傳授，教授拳腳功夫與舞獅技藝，參與者大多為地方上的年輕人，平時利用農閒時練習，彼此切磋交流，相互提升武藝，因此各個都是真材實料、武藝精湛，在廟會慶典展演時總能博得讚嘆連連。1979年時由管寮村郭耀麒師父接任總教練，沿襲黃腳巾系統，成立至今第八代。

本淵寮朝興宮金獅陣出陣時用的兵器。（何以文提供）

本淵寮朝興宮金獅陣竹籐盾牌及兵器。（何以文提供）

　　本淵寮金獅團有許多獨有的特色，如開基獅祖為錫製獅頭，獅團也將此開基獅祖放在神位上奉祀，在獅祖旁也將第二、第三代的獅頭位列左右，供全庄庄民參拜，以表懷念感謝獅祖之情。

　　在隊伍中除了主角獅祖，在旁擔任武術護衛隊員們，各個手持竹編（籐）盾牌及各式兵器表演，也是該陣一大特色，金獅陣在外出表演中，除了舞獅演出外，拳腳功夫，空手連環，兵器套路，丈二表演更是值得一看，在每個廟埕表演中，可以看到每位隊員多年來訓練的成果，拳拳到位，威震八方也是本淵寮朝興宮長期以來引以為傲的真功夫，金獅陣並取得臺南市定無形文化資產，參加國家國慶慶典，受邀至日本青森縣八戶市參加三陸國際藝術祭演出，代表在臺南市姐妹市仙台市交流演出，並在國家重要民俗「西港刈香」中位列重要金獅陣團體。

◀ 本淵寮朝興宮金獅陣參與西港刈香。（林承緯攝）

　　近幾年本淵寮金獅團持續扎根傳承，雖然面臨少子化的衝擊，但不影響本淵寮想傳承的信念。因此在2018年農曆6月19日，庄頭內安營釘竹符的慶典時，在該廟主神普庵佛祖的同意下，成立了臺南市安南區本淵寮朝興武館，擇日神尊同意後，以一期一期訓練的模式，來教授金獅技藝及拳腳、兵器功夫。在過程中，除了強身健體外，並舉辦「孝道與武德」講座，教育學員們正確處事觀念，希望藉由正向的文化意象，將這些傳統向下扎根，改變社會對陣頭、廟宇的偏見，使這些瀕臨危機的技藝能夠突破現況，讓本淵寮優良的金獅文化永遠流傳。

本淵寮朝興宮金獅陣於2023年總統府前國慶演出情形。(林承緯、鄭明承攝)

無形文化資產普查案例——獅陣　147

▲ 五甲龍成宮獅頭。（鄭明承提供）

七、高雄：五甲龍成宮獅陣

民俗

　　五甲龍成宮獅陣約莫於昭和時期，由泉州的唐山師父來此教授而成立，主要教授宋江陣的武術，獅陣則是屬於次要。1987年後因曾出外庄和小港的宋江獅發生衝突，回來後前輩將武器磨鈍，改為護駕舞獅的獅籬笆，並且調整以獅為主，武術的部份則逐漸失傳。

　　獅陣附屬於龍成宮，因此出陣以配合龍成宮慶典為主，每年固定的慶典以五甲大廟天上聖母聖誕當天的收驚為主，因為獅頭下方有一八卦布，地方認為該獅頭具有收驚制煞的功能，因此如有不平安，信徒會希望藉由獅頭的收驚來改善。每年獅陣在出陣前一個月會緊鑼密鼓的練習，直到媽祖聖誕晚間，會於廟埕擺陣，為信徒進行收驚儀式。另外，在龍成宮每四年一次的遶境慶典中，獅陣必定擔任第三陣隊伍護駕媽祖出巡。

五甲龍成宮獅陣特色虎頭。（葉峻瑀攝）

五甲龍成宮獅陣演武。（趙守彥攝）

五甲龍成宮獅陣有許多其獨有的特色，如獅陣當中有獅虎的角色，為一頭戴獅虎帽的角色，一般常看到的獅鬼職責是殺獅後的救獅，而獅虎則主責戲獅，展演過程中和獅子進行互動，以呈現各式套路。龍成宮獅頭具獨特性，其為藍色基底，頂部為青色，眼睛碩大，配合彩色勾勒臉部輪廓線條，形制十分特別，在周遭地區唯一可見，為該獅陣獨有的獅頭版本。

　　龍成宮獅陣原為五甲的民防組織，屬於招募制的團體，平時主要配合庄內龍成宮媽祖及三境主的慶典，各項裝備則放在廟裡。後來在2019年新任團長鄭燦勳接任後，經討論決定要編入五甲龍成宮的管理內，遂於隔年正式成為五甲龍成宮的獅陣至今。龍成宮獅陣在過去全盛時期曾有兩百多人，宋江及獅頭手均有兩套人員可以參與，近幾年雖人員略有減少，但仍積極傳承維持獅陣文化。

五甲龍成宮獅陣於2022年傳藝中心鬥陣趣活動演出。（趙守彥攝）

150　無形・有影：發掘無形文化資產 × 傳承珍貴在地記憶

▲葉火旺藝師製作的獅頭。（呂紹齊攝）

八、花蓮：獅頭製作－葉火旺藝師

傳統工藝

　　現居花蓮玉里的葉火旺藝師，現年已九十餘歲，傳承客家獅頭工藝已逾一甲子的時間。自幼即在家中跟隨祖父輩學習舞獅，在10多歲時開始模擬祖父的獅頭製作工藝，逐漸學會獅頭的製作方式。

　　在藝師17歲祖父過世後，逐漸以使用藝師本人製作獅頭為主，而家中的獅團後期也由其帶領，並由葉火旺創名──東昇醒獅團，主要表演客家獅及拳術表演。該團體內的所有道具均由葉火旺獨立製作，包含獅頭、大小面、扇子、榕樹葉等等，均是憑藉過去臨摹技藝，並尋找材料一步步製作而成，其也在每個時期進行細微變化，尋找更適當的材料以方便製作及美觀、將獅頭由方改為較為圓弧等等，逐漸定型為現今的樣式。

無形文化資產普查案例──獅陣　151

葉火旺藝師製作的大小面。（呂紹齊攝）

藝師受贈花蓮縣客家文化研究推展協會感謝狀。（呂紹齊翻攝）

葉火旺藝師與獅頭合影。（呂紹齊攝）

　　葉藝師表示其製作的獅頭會糊製約三十層，十分堅固耐用，保存期限也可拉長。獅頭其上的繪製，飽含許多客家的元素，如天書、火焰、寶劍、仙掃、葫蘆、七星、八卦等等，極具特色。在材質的運用上，以許多素材加以妝點，像是雨鞋、山羌毛等等，在藝師的細心製作之下，讓人讚嘆其技藝的巧奪天工。

　　近年藝師因年事已高，已無持續製作獅頭，前幾年曾在大里國小、源城國小教過舞獅，並在源城國小有傳承教學製作一顆獅頭，但目前並無傳人，僅藝師保有製作獅頭的工藝。藝師的獅頭也以自己使用為主，並無對外販售，因此目前僅存大小獅頭各一顆，過去的獅頭均已不存。藝師在訪談過程中，也展露出希望傳承的心意，可惜玉里在地較無民眾對此有興趣，在傳承上出現斷層，未來很有可能就此流失如此寶貴的獅頭工藝，甚是可惜。因此近幾年藝師也積極配合地方公部門的活動，希望用自己的棉薄之力，用各種形式來保存這個文化，將此獨門的工藝持續傳承，讓客家獅頭工藝延續下去。

國家重要無形文化資產名錄

重要傳統表演藝術

項目	保存者	種類	公告日期
布袋戲	陳錫煌	戲曲	2009-02-17
北管音樂	梨春園北管樂團	音樂	2009-02-17
北管戲曲	漢陽北管劇團	戲曲	2009-02-17
歌仔戲	廖瓊枝	戲曲	2009-02-17
說唱	楊秀卿（歿）	說唱	2009-02-17
布農族音樂 pasibutbut	南投縣信義鄉布農文化協會	音樂	2010-06-18
南管音樂	張鴻明（歿）	音樂	2010-06-18
南管戲曲	林吳素霞	戲曲	2010-06-18
客家八音	苗栗陳家班北管八音團	音樂	2010-06-18
布袋戲	黃俊雄	戲曲	2011-08-25
相聲	吳宗炎(兆南)（歿）	說唱	2011-08-25
客家山歌	賴碧霞（歿）	音樂	2011-08-25
排灣族口鼻笛	許坤仲（歿）	音樂	2011-08-25
排灣族口鼻笛	謝水能	音樂	2011-08-25
宜蘭本地歌仔	壯三新涼樂團	戲曲	2012-09-03
恆春民謠	朱丁順（歿）	說唱	2012-09-03
泰雅史詩吟唱	林明福	說唱	2012-09-03
滿州民謠	張日貴	說唱	2012-09-03
北管音樂	邱火榮	音樂	2014-09-09
亂彈戲	潘玉嬌	戲曲	2014-09-09
客家八音	美濃客家八音團	音樂	2016-05-04
歌仔戲後場音樂	林竹岸（歿）	音樂	2018-10-18
歌仔戲	陳鳳桂	戲曲	2020-01-03
歌仔戲	王仁心	戲曲	2020-01-03
恆春民謠	陳英	說唱	2020-11-20
亂彈戲	王慶芳	戲曲	2020-11-20
亂彈戲	彭繡靜	戲曲	2020-11-20
阿美族馬蘭 Macacadaay	杵音文化藝術團	歌謠	2021-04-16
布袋戲	江賜美	戲曲	2021-12-17
客家八音	鄭榮興	音樂	2021-12-17
南管音樂	陳嬿朱	音樂	2024-02-21

重要傳統工藝

項目	保存者	種類	公告日期
竹編工藝	黃塗山（歿）	其他	2010-06-18
漆工藝	王清霜	髹漆	2010-06-18
粧佛	施至輝	木作	2011-08-25
錫工藝	陳萬能	金工	2011-08-25
傳統木雕	施鎮洋	木作	2011-08-25
傳統建築彩繪	陳壽彝（歿）	彩繪	2012-09-03
剪紙	李煥章（歿）	其他	2014-09-09
傳統木雕	葉經義	木作	2014-09-09
竹籐編	張憲平	編織	2016-05-04
竹工藝-籃胎漆器	李榮烈	編織	2016-05-04
泰雅染織	尤瑪·達陸	編織	2016-05-04
傳統建築彩繪	劉家正	彩繪	2016-05-04
傳統木雕	李秉圭	木作	2018-10-18
傳統建築彩繪	洪平順	彩繪	2018-10-18
刺繡	劉千韶	刺繡	2020-01-06
緙絲	黃蘭葉	編織	2020-01-06
傳統木雕	陳啟村	木作	2020-01-06
纏花	陳惠美	編織	2020-01-06
玉雕	黃福壽	琢玉	2020-11-20
泥塑	杜牧河	泥作	2020-11-20
剪黏	陳三火	剪黏	2020-11-20
漆工藝	黃麗淑	髹漆	2020-11-20
傳統木雕	蔡德太	木作	2020-11-20
排灣族 tjemenun 傳統織布	許春美（Ljumiang·Pacekelj）	編織	2021-04-16
排灣族 Kinavatjesan 傳統刺繡	陳利友妹（Tjavaus·Alunguyan）	刺繡	2021-04-16
賽德克族 Gaya tminun 傳統織布	張鳳英（Seta Bakan）	編織	2021-05-19
噶瑪蘭族 ni tenunan tu benina 香蕉絲織布	嚴玉英（aing banday）	編織	2021-05-19
細木作	游禮海	木作	2021-11-10
傳統建築彩繪	莊武男	彩繪	2021-11-10

重要口述傳統

項目	保存者	種類	公告日期
Lmuhuw na Msbtunux (泰雅族大嵙崁群口述傳統)	WatanTanga（林明福）	史詩、神話、傳說	2019-11-18

重要民俗

項目	保存者	種類	公告日期
雞籠中元祭	基隆主普壇管理委員會	儀式、祭典、節慶	2008-01-29
西港刈香	西港玉勅慶安宮	儀式、祭典、節慶	2009-02-17
大甲媽祖遶境進香	財團法人大甲鎮瀾宮	儀式、祭典、節慶	2010-06-18
口湖牽水車藏（狀）	雲林縣口湖鄉萬善同歸牽水狀維護學會	儀式、祭典、節慶	2010-06-18
白沙屯媽祖進香	白沙屯拱天宮管理委員會	儀式、祭典、節慶	2010-06-18
北港朝天宮迎媽祖	財團法人北港朝天宮	儀式、祭典、節慶	2010-06-18
東港迎王平安祭典	財團法人臺灣省屏東縣東港東隆宮	儀式、祭典、節慶	2010-06-18
花蓮縣豐濱鄉Makotaay(港口)部落阿美族ilisin豐年祭	花蓮縣吉浦巒文化發展協會	儀式、祭典、節慶	2011-08-25
東山碧軒寺迎佛祖暨遶境	財團法人火山碧雲寺、東山碧軒寺	儀式、祭典、節慶	2011-08-25
鄒族 mayasvi	嘉義縣鄒族庫巴特富野社文化發展協會 嘉義縣阿里山鄒族達邦庫巴文化發展協會	風俗	2011-08-25
金門迎城隍	金門浯島城隍廟管理委員會	儀式、祭典、節慶	2013-10-04
東山吉貝耍西拉雅族夜祭	東山吉貝耍大公廨管理委員會	儀式、祭典、節慶	2013-10-04
南鯤鯓代天府五府千歲進香期	南鯤鯓代天府	儀式、祭典、節慶	2013-10-04
賽夏族 paSta'ay	新竹縣五峰鄉賽夏族文化藝術協會 苗栗縣賽夏族巴斯達隘文化協會	儀式、祭典、節慶	2013-10-04
羅漢門迎佛祖	內門南海紫竹寺、內門紫竹寺	儀式、祭典、節慶	2014-09-26
邵族 Tungkariri Lus'an（祖靈祭）	南投縣魚池鄉邵族文化發展協會	儀式、祭典、節慶	2015-03-26
褒忠亭義民節祭典	財團法人台灣省新竹縣褒忠亭	儀式、祭典、節慶	2015-03-26
雲林六房媽過爐	中華民國六房媽會	儀式、祭典、節慶	2017-09-20
馬祖擺暝	連江縣政府文化處	儀式、祭典、節慶	2019-08-01
馬鳴山五年千歲大科	馬鳴山鎮安宮管理委員會	儀式、祭典、節慶	2019-08-01
南關線三大廟王醮暨遊社	保西代天府(大人廟)　歸仁仁壽宮 關廟山西宮	儀式、祭典、節慶	2019-08-01
學甲上白礁	財團法人台灣省台南縣學甲慈濟宮	儀式、祭典、節慶	2022-09-23
北港進香	財團法人北港朝天宮	儀式、祭典、節慶	2024-05-17
Ilisin no Fakong	Fakong貓公部落	儀式、祭典、節慶	2024-09-11

參考文獻

- 文化部文化資產局（2017）。無形文化資產實務執行參考手冊。臺中：文化部文化資產局。
- 江韶瑩（2009）。無形文化遺產潛力點調查計畫成果報告。臺北：財團法人世界宗教博物館發展基金會。
- 徐亞湘（2009）。臺北市歌仔戲資源調查計畫：臺北市歌仔戲發展簡史。臺北市：臺北市文化局。
- 李豐楙、謝宗榮、李秀娥（1998）。藝文資源調查作業參考手冊 信仰節俗類。臺北：行政院文化建設委員會。
- 林茂賢（1999）。臺灣民俗記事。臺北：萬卷樓圖書有限公司。
- 林茂賢（2018）。大廟埕——林茂賢民俗選集。臺中：豐饒文化。
- 林茂賢主編（2010）。臺灣民俗采風。臺中：行政院文建會文化資產總管理處籌備處。
- 林美容、謝佳玲（2007）。臺灣無形文化資產的保存現況。臺灣史料研究，25。
- 林明德主編（2002）。臺灣工藝地圖。臺中：晨星出版。
- 林承緯（2018）。臺灣民俗學的建構：行為傳承、信仰傳承、文化資產。臺北：玉山社。
- 林修澈（2022）。口傳的記憶：無形文化資產的口述傳統手冊，p.13-16。
- 浦忠勇（2020）。傳統知識與實踐資料徵集委託第二期計畫—鄒族。臺中：文化部文化資產局，p.139。
- 吳騰達（1984）。臺灣民間舞獅之研究。臺北：大立出版社。
- 吳騰達、趙綺芳（1998）。藝文資源調查作業參考手冊 鄉土雜技類；舞蹈類。臺北：行政院文化建設委員會。
- 洪孟啟（2006）。文化資產保存的世界潮流——從有形到無形。美育，154。
- 黃文博（1991）。臺灣民俗田野手冊——現場參與卷。臺北：臺原出版社。
- 黃文博（1999）。臺灣民俗田野現場實務。臺北：常民文化。
- 黃世輝、高宜淓（2010）。台灣工藝產業再發展與轉型之研究。科技學刊人文社會類，19(1)，p.49-58。
- 黃世輝（2013）。臺灣與日本的民藝之旅。傳藝雙月刊，104，p.50-57。

▍黃季平（2016）。臺灣原住民族口述傳統文化資產調查與保存維護案例撰寫計畫，p.5。

▍黃季平（2016）。臺灣原住民族口述傳統文化資產調查與保存維護案例撰寫計畫。臺中：文化部文化資產局，頁448。

▍黃貞燕（2016）。日韓無形文化遺產國家制度的成立──體系與機制之知識與社會因素。文資學報，10，67-95。

▍楊政賢（2018）。傳統知識與實踐資料徵集委託第一期計畫──雅美族。臺中：文化部文化資產局。p.209。

▍謝國興、李豐楙、林美容、張珣、呂玫鍰等（2019）。進香・醮・祭與社會文化變遷（臺灣史論叢 民間信仰篇）。臺北：國立臺灣大學出版中心。

▍謝國興（2012）。臺灣南部的廟會陣頭。臺灣學系列講座專輯 (五)。臺北：國立臺灣圖書館。

▍趙守彥（2020）。從鏡頭看臺灣民俗。彰化：趙守彥。

▍鄭光博（2018）。泰雅族口述傳統Lmuhuw的研究。民族學界，42，p.189-228。

無形・有影

發掘無形文化資產 × 傳承珍貴在地記憶

作者	林茂賢、林承緯、徐亞湘、黃文博、黃世輝、黃季平、趙守彥、謝國興、鄭明承
特約主編	林茂賢、林承緯、黃文博
社長	林宜澐
總編輯	廖志墭
執行編輯	雷子萱
文案企劃	劉宣佑
攝影	趙守彥、葉峻瑀
內容協力	呂紹齊、李承峻、何以文
美術設計	厚研吾尺
出版	蔚藍文化出版股份有限公司
地址	110408 台北市信義區基隆路一段 176 號 5 樓之一
電話	02-2243-1897
臉書	https://www.facebook.com/AZUREPUBLISH
讀者服務信箱	azurebks@gmail.com
總經銷	大和書報圖書股份有限公司
地址	248020 新北市新莊區五工五路 2 號
電話	02-8990-2588
法律顧問	眾律國際法律事務所
著作權律師	范國華律師
電話	02-2759-5585
網站	www.zoomlaw.net
印刷	世和印製企業有限公司
ISBN	978-626-7275-44-3
定價	340 元
初版一刷	2024 年 12 月

無形・有影：發掘無形文化資產 X 傳承珍貴在地記憶 / 林承緯, 林茂賢, 徐亞湘, 黃文博, 黃世輝, 黃季平, 趙守彥, 謝國興, 鄭明承作. -- 初版. --
臺北市：蔚藍文化出版股份有限公司, 2024.12
　面；　公分
ISBN 978-626-7275-44-3(平裝)

1.CST: 民間工藝 2.CST: 傳統技藝 3.CST: 文化資產 4.CST: 文集

541.2707　　　　　　　　　　　113012792

版權所有　・　翻印必究　　　　　本書若有缺頁、破損、裝訂錯誤，請寄回更換。